Espumas, mousses et chantilly

hachette
CUISINE

Sommaire

POUR 4 PERSONNES
PRÉPARATION : 15 MIN
RÉFRIGÉRATION : 2 H
DIFFICULTÉ : FACILE
COÛT : BON MARCHÉ

Barquettes de céleri, chantilly au gorgonzola

- 2 pieds de céleri-branche
- 10 cerneaux de noix

Pour la chantilly
- 100 g de gorgonzola
- 25 cl de crème liquide
- 50 g de mascarpone

Matériel
- Siphon

Préparez la chantilly. Mixez ensemble 5 cl de crème liquide, le mascarpone et le gorgonzola. Filtrez le mélange au travers d'une passoire fine. Mélangez au reste de crème et versez dans le siphon. Fermez-le, vissez une cartouche de gaz et secouez vivement. Placez le siphon au réfrigérateur pendant au moins 2 h.

Concassez les cerneaux de noix. Coupez les pieds de céleri à la base et enlevez les grosses branches de l'extérieur. Lavez les autres branches plus tendres. Essuyez-les et coupez-les en tronçons d'environ 8 cm de long.

Remplissez le côté creux des tronçons de céleri avec la chantilly au gorgonzola et parsemez de noix concassées. Servez aussitôt à l'apéritif.

VARIANTE

Pour ces barquettes, vous pouvez utiliser le fromage que vous préférez : bleu d'Auvergne, stilton ou roquefort.

POUR 4 PERSONNES
PRÉPARATION : 20 MIN
CUISSON : 15 MIN
RÉFRIGÉRATION : 2 H
DIFFICULTÉ : FACILE
COÛT : BON MARCHÉ

Velouté glacé au basilic, chantilly aux tomates confites

- *2 courgettes bien fermes*
- *2 bottes de basilic*
- *1 gousse d'ail*
- *2 yaourts veloutés entiers*
- *2 cuil. à soupe d'huile d'olive vierge*
- *Sel, poivre*

Pour la chantilly

- *100 g de mascarpone*
- *20 cl de crème liquide*
- *8 pétales de tomates confites italiennes (environ 60 g)*
- *Sel, poivre*

Matériel

- *Mixeur*
- *Siphon*

Préparez la chantilly. Coupez les tomates confites en petits dés et placez-les dans le bol du mixeur avec le mascarpone, 5 cl de crème, du sel et du poivre. Mixez longuement et passez le mélange au travers d'une passoire fine. Ajoutez le reste de la crème et versez dans le siphon. Fermez-le, vissez une cartouche de gaz et secouez vivement. Placez 2 h au réfrigérateur.

Lavez le basilic et les courgettes. Effeuillez le basilic. Pelez les courgettes, coupez-les en quatre, retirez une partie des graines et coupez la chair en cubes. Épluchez l'ail et hachez-le.

Faites chauffer l'huile d'olive dans une casserole et faites-y revenir les cubes de courgettes et l'ail, à feu moyen, pendant 5 min, en remuant. Ajoutez un tiers des feuilles de basilic, salez, poivrez, puis versez 80 cl d'eau et faites cuire à feu moyen pendant 10 min. Deux min avant la fin de la cuisson, ajoutez le reste du basilic.

Versez le contenu de la casserole dans le bol du mixeur avec les yaourts. Mixez longuement et placez au réfrigérateur. Trente minutes avant de servir, ajoutez 5 glaçons dans la soupe et servez avec la chantilly.

POUR 4 PERSONNES
PRÉPARATION : 25 MIN
RÉFRIGÉRATION : 2 H
DIFFICULTÉ : FACILE
COÛT : BON MARCHÉ

Soupe froide de concombre à la mousse de menthe

- *3 concombres*
- *1 oignon doux*
- *1 gousse d'ail*
- *50 g de mie de pain*
- *4 cuil. à soupe d'huile d'olive*
- *1 cuil. à soupe de vinaigre*
- *Sel, poivre*

Pour la mousse

- *40 feuilles de menthe fraîche*
- *15 cl de crème liquide*
- *1 yaourt grec*
- *1 cuil. à soupe d'huile d'olive*

Matériel

- *Mixeur*
- *Siphon*

Préparez la mousse. Lavez les feuilles de menthe et faites-les cuire pendant 3 min dans la crème dans une casserole à feu doux. Filtrez et placez les feuilles de menthe dans le bol du mixeur avec le yaourt. Mixez longuement. Filtrez ensuite au travers d'une passoire fine. Mélangez avec l'huile d'olive, versez dans le siphon. Fermez-le, vissez une cartouche de gaz et secouez vivement. Placez le siphon au réfrigérateur pendant au moins 2 h.

Lavez les concombres. Coupez-les en deux dans le sens de la longueur, retirez une partie des graines et coupez la chair en gros cubes. Épluchez et coupez l'oignon en morceaux. Épluchez l'ail, retirez le germe. Faites tremper la mie de pain dans un peu d'eau froide.

Placez tous ces ingrédients dans le bol du mixeur et versez-y également l'huile d'olive, le vinaigre, du sel, du poivre et 5 cl d'eau froide. Mixez longuement afin d'obtenir une consistance bien lisse.

Si la soupe vous paraît trop épaisse, allongez-la avec un peu d'eau bien froide. Placez au réfrigérateur jusqu'au moment de servir avec la mousse de menthe.

POUR 4 PERSONNES
PRÉPARATION : 25 MIN
CUISSON : 1 H 30
RÉFRIGÉRATION : 2 H
DIFFICULTÉ : FACILE
COÛT : BON MARCHÉ

Poivrons confits, espuma d'anchois

- *5 poivrons rouges*
- *3 gousses d'ail*
- *8 cl d'huile d'olive*
- *Sel, poivre*

Pour l'espuma
- *10 filets d'anchois à l'huile*
- *15 cl de bouillon de poisson (Ariaké, de préférence)*
- *1 gousse d'ail*
- *5 cuil. à soupe d'huile d'olive*
- *½ cuil. à soupe de vinaigre de vin*
- *1 feuille de gélatine*

Matériel
- *Mixeur*
- *Siphon*

Préparez l'espuma. Faites tremper la gélatine 5 min dans un bol d'eau froide. Dans une casserole, faites chauffer 4 cuil. à soupe de bouillon. À l'ébullition, retirez du feu et incorporez la gélatine bien essorée.

Mixez longuement les anchois, le vinaigre, l'ail, le bouillon gélatiné et du poivre. Ajoutez le reste du bouillon, puis filtrez au travers d'une passoire fine. Ajoutez enfin l'huile d'olive. Mélangez bien. Versez le tout dans le siphon, fermez-le et vissez une cartouche de gaz. Secouez-le vivement. Placez au moins 2 h au réfrigérateur.

Faites cuire les poivrons au four préchauffé à 180 °C (th. 6), pendant 30 min, en les retournant deux ou trois fois. Retirez-les et enveloppez-les dans un sac congélation fermé. Laissez-les tiédir, puis épluchez-les et retirez les graines. Coupez-les en larges lanières.

Dans une grande poêle, faites confire les poivrons avec l'huile d'olive et l'ail pelé, à feu très doux, pendant 1 h. Salez et poivrez. isposez des poivrons dans chaque assiette. Servez avec l'espuma aux anchois.

POUR 4 PERSONNES
PRÉPARATION : 20 MIN
RÉFRIGÉRATION : 2 H
DIFFICULTÉ : FACILE
COÛT : RAISONNABLE

Tagliatelles de courgettes, chantilly au chèvre

- *3 courgettes bien fermes*
- *60 g de pousses d'épinards*
- *1 botte de cresson*
- *3 oignons verts*
- *1 sachet de graines mélangées pour salade*

Pour la chantilly

- *100 g de chèvre frais (type Petit Billy)*
- *25 cl de crème liquide*
- *1 cuil. à café de curcuma*
- *1 cuil. à soupe d'huile d'olive*

Matériel

- *Mixeur*
- *Siphon*

Préparez la chantilly. Placez 10 cl de crème ainsi que les autres ingrédients dans le bol du mixeur. Mixez afin d'obtenir une consistance bien lisse. Mélangez avec le reste de la crème et 5 cl d'eau froide, puis filtrez au travers d'une passoire fine. Versez le tout dans le siphon. Fermez-le, vissez une cartouche de gaz et secouez vivement. Placez au réfrigérateur pendant au moins 2 h.

Effeuillez le cresson et lavez-le. Lavez les courgettes et les pousses d'épinards. Coupez les courgettes en deux dans le sens de la longueur et retirez-en les graines. À l'aide d'un couteau économe, faites de longues tagliatelles de courgettes. Nettoyez les oignons verts en gardant 5 cm de queue. Coupez-les en quatre.

Mélangez tous les légumes et répartissez-les dans 4 bols, puis parsemez de graines mélangées. Posez sur le tout de la chantilly au chèvre frais et servez aussitôt.

VARIANTE

Si vous aimez le fromage plus fort en goût, utilisez du saint-maur à la place du chèvre frais.

POUR 4 PERSONNES
PRÉPARATION : 20 MIN
RÉFRIGÉRATION : 2 H
DIFFICULTÉ : FACILE
COÛT : RAISONNABLE

Salade de poires et roquette, mousse poire et parmesan

- *4 poires mûres mais fermes*
- *100 g de roquette sauvage*
- *1 morceau de radis noir de 10 cm environ*
- *Le jus de 1/2 citron*
- *2 cuil. à soupe de noisettes grillées et concassées*
- *2 cuil. à soupe d'huile de noisette*

Pour la mousse
- *2 poires bien mûres*
- *5 cl de crème liquide*
- *50 g de parmesan râpé*
- *Le jus de 1 citron*
- *1 feuille de gélatine*

Matériel
- *Mixeur*
- *Siphon*

Préparez la mousse. Faites tremper la gélatine 5 min dans un bol d'eau froide. Épluchez les poires, retirez-en le cœur et coupez la chair en cubes.

Dans une casserole, faites chauffer le jus de citron additionné de 3 cuil. à soupe d'eau et faites-y fondre la gélatine bien essorée.

Mettez les morceaux de poires, le parmesan, 5 cl d'eau et le jus de citron gélatiné dans le bol du mixeur et mixez. Filtrez le jus obtenu avec une passoire fine et mélangez-le à la crème. Versez le tout dans le siphon. Fermez-le, vissez une cartouche de gaz et secouez. Placez 2 h au réfrigérateur.

Lavez les poires, coupez-les en deux et retirez-en le cœur. Coupez-les en lamelles et citronnez-les. Lavez la roquette et essorez-la. Épluchez le radis noir et émincez-le en très fines rondelles.

Disposez le tout dans chaque assiette. Versez de l'huile de noisette, parsemez de noisettes et ajoutez de la mousse de poire au parmesan.

POUR 4 PERSONNES
PRÉPARATION : 20 MIN
CUISSON : 35 MIN
RÉFRIGÉRATION : 2 H
DIFFICULTÉ : FACILE
COÛT : BON MARCHÉ

Salade de lentilles tièdes, mousse de haddock

- *250 g de lentilles vertes*
- *1 oignon*
- *1 carotte*
- *3 échalotes*
- *1 bouquet d'herbes mélangées (persil, cerfeuil, ciboulette)*
- *3 cuil. à soupe d'huile d'olive*
- *Le jus de 1 citron*
- *Sel, poivre*

Pour la mousse

- *150 g de haddock*
- *25 cl de crème liquide*
- *10 cl de lait*
- *Poivre*

Matériel

- *Mixeur*
- *Siphon*

Préparez la mousse. Placez le haddock dans une casserole avec le lait, 5 cl d'eau et du poivre. Portez à ébullition, puis laissez infuser hors du feu et à couvert pendant 5 min.

Versez le contenu de la casserole dans le bol du mixeur et mixez longuement. Filtrez le tout dans une passoire fine en raclant bien pour obtenir un maximum de jus. Ajoutez la crème. Versez dans le siphon. Fermez-le, vissez une cartouche de gaz et secouez vivement. Placez au moins 2 h au réfrigérateur.

Épluchez l'oignon et la carotte, coupez-les en morceaux. Faites chauffer 1 cuil. à soupe d'huile d'olive dans une casserole et faites-y revenir ces légumes pendant 3 min en tournant, puis ajoutez les lentilles rincées à l'eau.

Versez de l'eau froide dans la casserole jusqu'à 2 cm au-dessus des lentilles. Faites cuire 30 min à feu doux. Les lentilles doivent rester un peu fermes. Égouttez-les, laissez-les refroidir.

Épluchez les échalotes, coupez-les en fines rondelles. Lavez et ciselez les herbes. Mélangez dans un saladier les lentilles, les échalotes, les herbes, le restant d'huile d'olive, le jus de citron, du sel et du poivre.

Disposez un quart de la salade de lentilles dans chaque assiette et ajoutez la mousse de haddock. Servez aussitôt.

POUR 4 PERSONNES
PRÉPARATION : 20 MIN
RÉFRIGÉRATION : 2 H
DIFFICULTÉ : FACILE
COÛT : RAISONNABLE

Artichauts farcis à la chantilly d'olives noires

- *6 petits artichauts poivrade*
- *6 tranches fines de jambon de Parme*
- *Le jus de 1 citron*

Pour la chantilly

- *25 cl de crème liquide*
- *20 g de parmesan râpé*
- *1 gousse d'ail*
- *120 g d'olives noires dénoyautées*
- *1 cuil. à soupe d'huile d'olive*
- *Sel et poivre*

Matériel

- *Mixeur*
- *Siphon*

Préparez la chantilly. Épluchez et émincez l'ail. Mettez 10 cl de crème, le parmesan et l'ail dans une casserole et portez à ébullition. Éteignez le feu, couvrez et laissez infuser 10 min.

Versez dans le bol du mixeur avec les olives, 5 cl d'eau, du sel et du poivre. Mixez longuement jusqu'à l'obtention d'une pâte bien lisse. Ajoutez le reste de la crème et l'huile d'olive. Filtrez au travers d'une passoire fine et versez dans le siphon. Fermez-le, vissez une cartouche de gaz et secouez vivement. Placez le siphon au réfrigérateur pendant au moins 2 h.

Nettoyez les artichauts, coupez la queue. Retirez les grosses feuilles de la base. Coupez un quart du haut des artichauts. Coupez-les ensuite en deux dans le sens de la longueur et retirez le foin si nécessaire. Citronnez-les bien et disposez 3 moitiés d'artichauts par assiette.

Taillez le jambon de Parme en larges lanières. Placez-les sur les artichauts. Remplissez les cavités de chantilly d'olives noires et servez aussitôt.

POUR 4 PERSONNES
PRÉPARATION : 20 MIN
RÉFRIGÉRATION : 2 H
DIFFICULTÉ : FACILE
COÛT : RAISONNABLE

Tomates-mozzarella, mousse de basilic

- *1 grosse boule de mozzarella di bufala*
- *4 tomates cœur-de-bœuf bien fermes*
- *12 feuilles de basilic*
- *4 cuil. à soupe d'huile d'olive*
- *Sel, poivre*

Pour la mousse
- *30 feuilles de basilic*
- *100 g de mascarpone*
- *1 cuil. à soupe d'huile d'olive*
- *Le jus de 1/2 citron*
- *15 cl de crème liquide*
- *Sel, poivre*

Matériel
- *Mixeur*
- *Siphon*

■ Préparez la mousse. Lavez les feuilles de basilic et placez-les dans le bol du mixeur avec le mascarpone, l'huile d'olive, le jus de citron, du sel et du poivre. Mixez longuement, ajoutez la crème liquide puis filtrez le tout au travers d'une passoire fine. Mélangez bien et versez dans le siphon. Fermez-le, vissez une cartouche de gaz et secouez vivement. Placez au réfrigérateur pendant au moins 2 h.

■ Lavez les tomates et les feuilles de basilic. Coupez les tomates en rondelles et ciselez finement le basilic. Détaillez la mozzarella en fines rondelles, puis en demi-rondelles.

■ Disposez dans 4 verres 1 ou 2 rondelles de tomates, parsemez de basilic, salez et poivrez. Posez dessus 2 ou 3 demi-rondelles de mozzarella, salez et poivrez. Continuez à faire des couches jusqu'aux trois quarts des verres. Versez 1 cuil. à soupe d'huile d'olive dans chaque verre et laissez reposer au réfrigérateur pendant 1 h.

■ Au moment de servir, finissez de remplir les verres avec la mousse de basilic. Servez sans attendre.

POUR 4 PERSONNES
PRÉPARATION : 20 MIN
CUISSON : 30 MIN
RÉFRIGÉRATION : 2 H
DIFFICULTÉ : FACILE
COÛT : BON MARCHÉ

Rattes et chantilly au maquereau fumé

- *800 g de petites rattes*
- *Quelques feuilles de laurier*
- *Sel, poivre*

Pour la chantilly

- *1 filet de maquereau fumé au poivre (100 g environ)*
- *25 cl de crème liquide*
- *10 cl de lait*

Matériel

- *Mixeur*
- *Siphon*
- *Cuit-vapeur*

Retirez une partie du poivre du maquereau ainsi que la peau, puis émiettez-le. Placez-le dans une casserole avec 5 cl de crème et le lait. Portez à ébullition, retirez du feu et laissez tiédir à couvert.

Versez le contenu de la casserole dans le bol du mixeur et mixez longuement. Ensuite filtrez le tout dans une passoire fine en raclant bien pour obtenir un maximum de jus. Ajoutez le reste de la crème. Versez dans le siphon. Fermez-le, vissez une cartouche de gaz et secouez vivement. Placez le siphon au réfrigérateur pendant au moins 2 h.

Lavez les rattes et essuyez-les. Faites une entaille dans les rattes sur toute la largeur et sur 1 cm de hauteur. Cassez les feuilles de laurier en 2 ou 3 morceaux. Placez 1 morceau de feuille dans chaque entaille et disposez les pommes de terre dans le panier du cuit-vapeur. Salez et poivrez.

Faites cuire les pommes de terre pendant environ 30 min, ou moins, selon leur grosseur. Piquez une ratte pour vérifier la cuisson. Servez les rattes bien chaudes, accompagnées de la chantilly au maquereau fumé.

POUR 4-6 PERSONNES
PRÉPARATION : 15 MIN
CUISSON : 1 MIN
DIFFICULTÉ : FACILE
COÛT : BON MARCHÉ

Espuma de tomate

- *2 feuilles de gélatine*
- *30 cl de coulis de tomate ou de gaspacho*
- *10 cl de crème liquide*
- *3 cuil. à soupe d'huile d'olive*
- *1 pincée de piment de Cayenne en poudre*
- *1 cuil. à café de vinaigre de xérès*
- *Sel*

Matériel

- *Mixeur*
- *Siphon*

Plongez les feuilles de gélatine dans un bol d'eau froide et laissez-les tremper environ 10 min, puis égouttez.

Dans une casserole, faites chauffer la moitié du coulis de tomate. Sortez du feu. Ajoutez la gélatine et mélangez pour la faire fondre. Ajoutez le reste du coulis, la crème, l'huile, le piment et du sel. Mélangez et laissez refroidir. Au tout dernier moment, versez le vinaigre. Mixez et filtrez.

Versez la préparation dans le siphon et fermez-le. Engagez la cartouche de gaz, secouez le siphon et laissez reposer 2 ou 3 min. Pressez doucement le bec du siphon pour faire sortir l'espuma.

UTILISATIONS

Idéale sur une soupe à la tomate ou une salade de tomates.

POUR 4-6 PERSONNES
PRÉPARATION : 15 MIN
CUISSON : 2 MIN
DIFFICULTÉ : FACILE
COÛT : BON MARCHÉ

Espuma de curry

- *2 feuilles de gélatine*
- *15 cl de lait de coco*
- *15 cl de crème liquide*
- *2 cuil. à soupe de curry + pour le décor*
- *1 pincée de piment de Cayenne en poudre*
- *Quelques feuilles de coriandre (facultatif)*
- *Sel*

Matériel

- *Mixeur*
- *Siphon*

Plongez les feuilles de gélatine dans un bol d'eau bien froide et laissez-les tremper environ 10 min, puis égouttez.

Dans une casserole, faites frémir le lait de coco, la crème, le curry, du sel et le piment de Cayenne. Mélangez, couvrez et sortez du feu. Laissez infuser quelques minutes. Ajoutez la gélatine et mélangez pour la faire fondre. Filtrez et laissez refroidir, puis mixez et filtrez à nouveau.

Versez la préparation dans le siphon et fermez-le. Engagez la cartouche de gaz, secouez le siphon et laissez reposer 2 ou 3 min. Pressez doucement le bec du siphon pour faire sortir l'espuma. Saupoudrez de curry et parsemez éventuellement de coriandre ciselée.

POUR 4-6 PERSONNES
PRÉPARATION : 15 MIN
CUISSON : 2 MIN
DIFFICULTÉ : FACILE
COÛT : BON MARCHÉ

Espuma d'ail nouveau au basilic

- *2 feuilles de gélatine*
- *15 cl de crème liquide*
- *4 gousses d'ail nouveau*
- *15 feuilles de basilic*
- *15 cl de coulis de tomates*
- *3 cuil. à soupe d'huile d'olive*
- *1 pincée de piment de Cayenne en poudre*
- *Sel*

Matériel
- *Siphon*

Plongez la gélatine dans un bol d'eau froide et laissez-la tremper environ 10 min, puis égouttez.

Dans une casserole, faites chauffer la crème liquide avec l'ail haché et la moitié du basilic. Sortez du feu, couvrez et laissez infuser quelques minutes. Filtrez. Ajoutez le coulis de tomates, la gélatine, l'huile d'olive, le piment et du sel. Mélangez et filtrez. Laissez refroidir.

Versez dans le siphon et fermez-le. Engagez la cartouche de gaz, secouez et laissez reposer 2 ou 3 min. Pressez le bec du siphon pour faire sortir l'espuma. Décorez du reste du basilic haché.

POUR 4-6 PERSONNES
PRÉPARATION : 20 MIN
CUISSON : 1 MIN
DIFFICULTÉ : FACILE
COÛT : RAISONNABLE

Espuma de pistache

- *2 feuilles de gélatine*
- *100 g de pistaches hachées + 1 cuil. à soupe*
- *20 cl de crème liquide*
- *25 cl de bouillon de volaille*
- *1 cuil. à soupe de pâte de pistaches*
- *2 ou 3 gouttes de colorant vert (facultatif)*
- *Sel, poivre*

Matériel
- *Mixeur*
- *Siphon*

Plongez les feuilles de gélatine dans un bol d'eau bien froide et laissez-les tremper pendant environ 10 min, puis pressez-les bien pour en extraire toute l'eau. Mettez de côté.

Dans une casserole, mélangez les pistaches, la crème liquide, le bouillon, la pâte de pistaches, du sel et du poivre. Faites bouillir, mélangez bien et sortez du feu aussitôt. Ajoutez la gélatine. Filtrez la préparation et laissez refroidir. Mixez et filtrez à nouveau finement.

Lorsque la préparation est froide (mais pas encore prise), ajoutez éventuellement le colorant avant de la verser dans le siphon. Fermez-le. Engagez la cartouche de gaz, secouez le siphon, puis laissez reposer 2 ou 3 min. Secouez encore le siphon pour bien mélanger la préparation. Pressez doucement le bec du siphon pour faire sortir l'espuma. Parsemez de pistaches hachées.

CONSEIL

Vous trouverez de la pâte de pistaches dans les épiceries fines et biologiques.

UTILISATIONS

Délicieuse pour agrémenter des asperges ou d'autres légumes cuits à la vapeur (panais, carottes, poireaux).

POUR 4-6 PERSONNES
PRÉPARATION : 25 MIN
DIFFICULTÉ : FACILE
COÛT : BON MARCHÉ

Espuma mayonnaise

- *15 cl de crème liquide*
- *2 cuil. à soupe de moutarde fine*
- *Sel, poivre blanc finement moulu*

Pour la mayonnaise

- *1/2 jaune d'œuf*
- *1/2 cuil. à soupe de moutarde*
- *15 cl d'huile d'arachide ou d'olive*

Matériel

- *Siphon*

Préparez la mayonnaise. Placez le demi-jaune d'œuf dans un petit saladier. Ajoutez la moutarde et 1 cuil. à café d'eau froide. Ajoutez ensuite doucement l'huile en filet, tout en fouettant sans arrêt jusqu'à obtention d'une mayonnaise bien ferme.

Préparez l'espuma. Dans un saladier, mélangez au fouet à main la mayonnaise, la crème liquide bien froide, la moutarde fine, du sel et du poivre, jusqu'à obtention d'une préparation lisse et parfaitement homogène.

Versez la préparation dans le siphon et fermez-le. Engagez la cartouche de gaz, secouez le siphon, puis laissez reposer 2 ou 3 min. Pressez doucement le bec du siphon pour faire sortir l'espuma. Servez avec des viandes froides, des poissons pochés, des légumes, etc.

VARIANTES

Espuma mayonnaise à l'anis : ajoutez 3 cuil. à café de liqueur anisée dans la mayonnaise. Parsemez l'espuma de ciboulette hachée et de graines d'anis vert finement hachées. Espuma mayonnaise verte : faites cuire 1 poignée de feuilles de cresson dans de l'eau bouillante. Égouttez, rafraîchissez à l'eau courante et essorez soigneusement le légume cuit. Mixez très finement le cresson et réduisez-le en une pâte aussi fine que possible. Ajoutez-le à la mayonnaise, mélangez, puis filtrez et remplissez le siphon.

POUR 4-6 PERSONNES
PRÉPARATION : 25 MIN
CUISSON : 30 MIN
DIFFICULTÉ : FACILE
COÛT : BON MARCHÉ

Espuma de citrouille au cumin

- 1 petite poignée de graines de courge
- 2 feuilles de gélatine
- 1 gousse d'ail
- 250 g de citrouille
- 15 cl de crème liquide
- 3 pincées de cumin + pour le décor
- 3 pincées de curcuma
- 1 cuil. à soupe d'huile de courge ou d'olive
- 1 pincée de piment de Cayenne en poudre
- Sel

Matériel
- Cuit-vapeur
- Mixeur
- Siphon

Dans une poêle, faites griller les graines de courge à feu moyen pendant quelques minutes en remuant souvent. Sortez du feu et concassez les graines grossièrement.

Plongez les feuilles de gélatine dans un bol d'eau bien froide et laissez-les tremper pendant environ 10 min, puis pressez-les bien pour en extraire toute l'eau. Mettez de côté.

Pendant ce temps, épluchez l'ail et la citrouille. Coupez le tout finement. Faites cuire la citrouille pendant 20 min au cuit-vapeur, puis mixez-la finement.

Dans une casserole, assemblez l'ail, la citrouille, la crème liquide, le cumin et le curcuma. Faites chauffer puis cuire très doucement pendant 10 min environ. Sortez du feu, mixez bien puis filtrez très finement. Ajoutez la gélatine, l'huile de courge ou d'olive, le piment et du sel. Mélangez. Laissez refroidir à température ambiante. Mixez puis filtrez finement à nouveau.

Versez la préparation dans le siphon et fermez-le. Engagez la cartouche de gaz, secouez le siphon, puis laissez reposer 2 ou 3 min. Pressez doucement le bec du siphon et décorez avec les graines de courge concassées.

UTILISATIONS

À déguster nature ou sur des morceaux de potimarron étuvés avec du miel et des épices.

POUR 4-6 PERSONNES
PRÉPARATION : 15 MIN
CUISSON : 15 MIN
DIFFICULTÉ : FACILE
COÛT : BON MARCHÉ

Espuma petits pois-menthe

- 2 feuilles de gélatine
- 150 g de petits pois écossés
- 5 feuilles de menthe + pour le décor
- 25 cl de crème liquide
- Sel, poivre blanc moulu

Matériel
- Cuit-vapeur
- Mixeur
- Siphon

Plongez la gélatine dans un bol d'eau froide et laissez-la tremper pendant 10 min, puis égouttez. Faites cuire les petits pois 10 min au cuit-vapeur. Ils doivent être tendres.

Dans une casserole, mélangez les feuilles de menthe, les petits pois et la crème liquide. Faites mijoter très doucement 5 min environ. Retirez la menthe, mixez très finement, puis ajoutez la gélatine. Salez, poivrez et filtrez.

Versez la préparation dans le siphon et fermez-le. Engagez la cartouche de gaz, secouez le siphon et laissez reposer 2 ou 3 min. Pressez doucement le bec du siphon pour faire sortir l'espuma.

POUR 4-6 PERSONNES
PRÉPARATION : 25 MIN
CUISSON : 30 MIN
DIFFICULTÉ : FACILE
COÛT : RAISONNABLE

Espuma de carotte au safran

- *2 ou 3 pincées de graines de sésame*
- *2 feuilles de gélatine*
- *150 g de purée de carottes surgelée*
- *25 cl de crème liquide*
- *1 pincée de safran en poudre*
- *3 pincées de curcuma*
- *1 cuil. à soupe d'huile d'olive*
- *1 pincée de piment de Cayenne en poudre*
- *Sel*

Matériel

- *Mixeur*
- *Siphon*

Dans une poêle, faites griller les graines de sésame à feu moyen quelques minutes en remuant souvent. Sortez du feu et concassez grossièrement les graines.

Plongez les feuilles de gélatine dans un bol d'eau bien froide environ 10 min, puis pressez-les bien pour en extraire toute l'eau. Mettez de côté.

Dans une casserole, assemblez la purée de carottes, la crème liquide, le safran et le curcuma. Faites mijoter très doucement à couvert pendant 4 ou 5 min. Sortez du feu, mixez puis filtrez finement. Ajoutez la gélatine, l'huile d'olive, le piment et du sel. Mélangez. Laissez refroidir à température ambiante, puis mixez à nouveau.

Versez la préparation dans le siphon et fermez-le. Engagez la cartouche de gaz, secouez le siphon, puis laissez reposer 2 ou 3 min. Pressez doucement le bec du siphon pour faire sortir l'espuma. Décorez avec les graines de sésame grillées.

UTILISATIONS

Servez avec des viandes blanches marinées et grillées, nature ou avec quelques graines germées.

POUR 4-6 PERSONNES
PRÉPARATION : 15 MIN
CUISSON : 5 MIN
DIFFICULTÉ : FACILE
COÛT : BON MARCHÉ

Espuma d'avocat au citron vert

- *1 feuille de gélatine*
- *15 cl de crème liquide*
- *4 zestes de citron vert*
- *120 g de chair d'avocat*
- *Sel, poivre blanc moulu*

Matériel

- *Mixeur*
- *Siphon*

Plongez la gélatine dans un bol d'eau froide et laissez-la tremper environ 10 min, puis égouttez. Dans une casserole, faites frémir la crème liquide, puis faites-y infuser les zestes de citron 5 min. Filtrez, puis ajoutez la gélatine. Laissez refroidir sans laisser durcir.

Mixez très finement l'avocat avec la préparation précédente. Salez et poivrez, puis filtrez à nouveau finement.

Versez la préparation dans le siphon et fermez-le. Engagez la cartouche de gaz, secouez le siphon, puis laissez reposer 2 ou 3 min. Pressez doucement le bec du siphon pour faire sortir l'espuma.

UTILISATIONS

Cette espuma est délicieuse avec les légumes, les avocats et les crevettes.

POUR 4-6 PERSONNES
PRÉPARATION : 15 MIN
CUISSON : 5 MIN
DIFFICULTÉ : FACILE
COÛT : BON MARCHÉ

Espuma d'asperge

- *2 feuilles de gélatine*
- *150 g de pointes d'asperges cuites*
- *25 cl de crème liquide*
- *Sel, poivre blanc moulu*

Matériel
- *Mixeur*
- *Siphon*

Plongez la gélatine dans un bol d'eau bien froide et laissez-la tremper environ 10 min, puis égouttez.

Dans une casserole, mélangez les pointes d'asperges et la crème liquide. Faites mijoter très doucement pendant 5 min. Sortez du feu et mixez très finement. Ajoutez la gélatine, salez et poivrez, puis filtrez finement.

Versez la préparation dans le siphon et fermez-le. Engagez la cartouche de gaz, secouez le siphon, puis laissez reposer 2 ou 3 min. Pressez doucement le bec du siphon pour faire sortir l'espuma.

UTILISATION

Pour agrémenter des asperges, bien sûr !

POUR 4-6 PERSONNES
PRÉPARATION : 20 MIN
CUISSON : 20 MIN
DIFFICULTÉ : DIFFICILE
COÛT : RAISONNABLE

Espuma petits pois-wasabi

- *300 g de petits pois écossés extrafins*
- *20 cl de bouillon de volaille*
- *1 cuil. à soupe de flocons de purée de pommes de terre*
- *3 g d'agar-agar*
- *4 pincées de wasabi*
- *10 cl de crème liquide*
- *4 cuil. à soupe d'huile d'olive*
- *Sel*

Matériel

- *Mixeur*
- *Siphon*

Placez les petits pois dans une casserole avec l'huile d'olive et faites cuire pendant 5 min à feu doux. Ajoutez le bouillon, couvrez et laissez mijoter 15 min.

Mixez le plus finement possible avec les flocons de purée et l'agar-agar. Filtrez finement, puis ajoutez le wasabi et la crème liquide. Salez, mixez et filtrez.

Versez dans le siphon. Fermez-le, puis engagez la cartouche de gaz et secouez bien. Placez le siphon dans un bain-marie un peu chaud (pas plus de 50 °C) pendant 2 ou 3 min. Pressez le bec du siphon pour faire sortir l'espuma.

POUR 4-6 PERSONNES
PRÉPARATION : 20 MIN
CUISSON : 15 MIN
DIFFICULTÉ : DIFFICILE
COÛT : BON MARCHÉ

Espuma de ratatouille

- *300 g de ratatouille*
- *5 cl de coulis de tomates*
- *2 pincées de piment*
- *2 g d'agar-agar*
- *10 cl de crème liquide*
- *4 cuil. à soupe d'huile d'olive*

Matériel
- *Mixeur*
- *Siphon*

Dans une casserole, faites chauffer la ratatouille avec le coulis de tomates, le piment et l'huile d'olive. Mélangez, puis mixez jusqu'à obtention d'un coulis très fin. Filtrez finement.

Ajoutez l'agar-agar. Mixez de nouveau le mélange bien chaud et ajoutez la crème liquide.

Versez la préparation dans le siphon. Fermez-le, puis engagez la cartouche de gaz et secouez plusieurs fois. Placez le siphon dans un bain-marie un peu chaud (pas plus de 50 °C) pendant 2 ou 3 min. Pressez doucement le bec du siphon pour faire sortir l'espuma.

POUR 4-6 PERSONNES
PRÉPARATION : 25 MIN
CUISSON : 25 MIN
DIFFICULTÉ : DIFFICILE
COÛT : BON MARCHÉ

Espuma de poivron

- *300 g de poivrons pelés*
- *1 gousse d'ail hachée*
- *15 cl de bouillon de volaille*
- *1 cuil. à café de flocons de purée de pommes de terre*
- *2 g d'agar-agar*
- *10 cl de crème liquide*
- *4 cuil. à soupe d'huile d'olive*
- *Sel*

Matériel

- *Mixeur*
- *Siphon*

Placez les poivrons dans une casserole avec l'huile d'olive et l'ail. Faites cuire 15 min à feu doux. Ajoutez le bouillon, couvrez et laissez mijoter 10 min.

Mixez la préparation le plus finement possible avec les flocons de purée et l'agar-agar. Filtrez et mixez de nouveau puis ajoutez la crème liquide. Salez.

Versez la préparation dans le siphon. Fermez-le, puis engagez la cartouche de gaz et secouez plusieurs fois. Placez le siphon dans un bain-marie un peu chaud (pas plus de 50 °C) pendant 2 ou 3 min. Pressez doucement le bec du siphon pour faire sortir l'espuma.

POUR 4-6 PERSONNES
PRÉPARATION : 30 MIN
CUISSON : 20 MIN
DIFFICULTÉ : DIFFICILE
COÛT : BON MARCHÉ

Espuma de chou-fleur

- 250 g de chou-fleur
- 15 cl de sauce Béchamel
- 15 cl de crème liquide
- 4 pincées de curry (facultatif)
- Sel

Matériel
- Cuit-vapeur
- Mixeur
- Siphon

Divisez le chou-fleur en petites fleurettes, lavez-les à l'eau courante, puis faites-les cuire 15 à 20 min au cuit-vapeur. Elles doivent être parfaitement tendres.

Dans une casserole, assemblez la sauce Béchamel, la crème liquide et le curry (si vous l'utilisez). Mélangez et faites chauffer. Lorsque le mélange commence à bouillir, ajoutez le chou-fleur bien égoutté.

Mélangez bien, sortez du feu, puis laissez refroidir un peu en remuant de temps en temps pour éviter qu'une peau trop épaisse ne se forme.

Mixez très finement la préparation avec un peu de sel, puis filtrez. Faites en sorte que le mélange soit encore chaud sans être brûlant.

Versez la préparation dans le siphon. Fermez-le, puis engagez la cartouche de gaz et secouez plusieurs fois. Placez le siphon dans un bain-marie un peu chaud (pas plus de 50 °C) pendant 2 ou 3 min. Pressez doucement le bec du siphon pour faire sortir l'espuma.

UTILISATIONS

À déguster avec du chou-fleur cuit à la vapeur ou à l'eau, ou bien un velouté de chou-fleur.

POUR 4-6 PERSONNES
PRÉPARATION : 30 MIN
CUISSON : 15 MIN
DIFFICULTÉ : DIFFICILE
COÛT : BON MARCHÉ

Espuma de sauce au fromage

- 15 cl de sauce Béchamel
- 15 cl de crème liquide
- 2 pincées de noix muscade en poudre
- 80 g de fromage râpé au choix
- 1 cuil. à soupe de flocons de purée de pommes de terre
- 5 cuil. à soupe de vin blanc sec
- Sel

Matériel
- Mixeur
- Siphon

Dans une casserole, mélangez la béchamel, la crème et la noix muscade. Salez et faites chauffer. Lorsque le mélange commence à bouillir, ajoutez le fromage.

Sortez du feu, puis laissez refroidir en remuant pour éviter qu'une peau trop épaisse ne se forme. Mixez avec les flocons de purée et le vin blanc. Filtrez.

Versez dans le siphon. Fermez-le, puis engagez la cartouche de gaz et secouez bien. Placez le siphon dans un bain-marie un peu chaud (pas plus de 50 °C) pendant 2 ou 3 min (si besoin).

POUR 4-6 PERSONNES
PRÉPARATION : 20 MIN
CUISSON : 20 MIN
INFUSION : 15 MIN
DIFFICULTÉ : DIFFICILE
COÛT : BON MARCHÉ

Espuma curry-gingembre

- *20 cl de bouillon bien parfumé (légumes, champignons, volaille)*
- *1 petit morceau de gingembre*
- *1 cuil. à soupe rase de curry*
- *10 cl de crème liquide*
- *2 cuil. à soupe de compote de pommes*
- *2 g d'agar-agar*
- *1 cuil. à soupe de flocons de purée de pommes de terre*
- *Sel*

Matériel
- *Mixeur*
- *Siphon*

Dans une casserole, versez le bouillon et faites frémir. Ajoutez le gingembre coupé en tranches et le curry. Sortez du feu, couvrez et laissez infuser 15 min.

Filtrez la préparation. Ajoutez la crème, la compote de pommes, l'agar-agar et les flocons de purée. Salez, mélangez et mixez très finement. Filtrez.

Versez dans le siphon. Fermez-le, puis engagez la cartouche de gaz et secouez bien. Placez le siphon dans un bain-marie un peu chaud (pas plus de 50 °C) pendant 2 ou 3 min. Pressez le bec du siphon pour faire sortir l'espuma.

POUR 6 PERSONNES
PRÉPARATION : 25 MIN
CUISSON : 40 MIN
DIFFICULTÉ : FACILE
COÛT : RAISONNABLE

Flan de carottes et magret fumé en salade d'herbes

- *100 g de magret fumé*
- *400 g de carottes*
- *1 cuil. à soupe de crème fraîche épaisse*
- *2 œufs*
- *8 branches de ciboulette*
- *3 branches d'estragon*
- *3 branches de cerfeuil frais*
- *Vinaigre de xeres*
- *Huile de noix*

Matériel

- *Mixeur*

Épluchez les carottes, taillez-les en morceaux, puis cuisez-les 20 min dans de l'eau bouillante salée. Égouttez-les, puis mixez-les pour obtenir une purée. Ajoutez la crème fraîche et les 2 œufs battus, puis mélangez.

Préchauffez le four à 180 °C (th. 6). Versez la préparation à mi-hauteur dans 6 verres beurrés allant au four. Placez les flans 20 min au bain-marie au four afin de les cuire. Sortez les flans, laissez-les tiédir.

Dégraissez le magret puis coupez-le en tranches fines. Mélangez les herbes dans un bol et assaisonnez-les avec quelques gouttes d'huile de noix et de vinaigre de xeres. Répartissez les tranches de magret et la salade d'herbes sur les flans. Dégustez aussitôt.

VARIANTE

Vous pouvez ajouter 1 cuil. à soupe de graines de pavot ou de moutarde dans la purée de carottes.

POUR 6 PERSONNES
PRÉPARATION : 20 MIN
DIFFICULTÉ : FACILE
COÛT : BON MARCHÉ

Purée de betteraves et d'avocats au tahiné

- *2 grosses betteraves cuites*
- *2 avocats bien mûrs*
- *1 citron*
- *2 gousses d'ail*
- *2 yaourts*
- *4 cuil. à soupe de tahiné (pâte de sésame)*
- *1 cuil. à soupe de persil plat haché*
- *1/2 cuil. à café de piment en poudre*
- *1 cuil. à soupe de coriandre hachée*
- *1 cuil. à soupe de graines de sésame blanches*
- *Sel*

Pressez le citron. Épluchez et écrasez l'ail. Épluchez les betteraves et réduisez-les en une fine purée.

Mélangez les betteraves avec les yaourts, la moitié du tahiné, la moitié du jus de citron et une pointe d'ail. Salez et ajoutez le persil.

Épluchez les avocats et éliminez les noyaux. Mettez la chair dans un bol, arrosez du jus de citron restant et de 2 cuil. à soupe d'eau, puis écrasez à la fourchette. Ajoutez le reste du tahiné et d'ail. Salez, ajoutez le piment et la coriandre, puis mélangez.

Dressez les verrines en étalant une première couche de betterave, puis une couche de crème d'avocats, puis de nouveau une couche de betterave. Décorez de graines de sésame et réservez au frais jusqu'au moment de servir.

CONSEIL

Ne mixez pas l'avocat car il est très agréable d'avoir des petits morceaux bien fondants sous la langue.

POUR 6 PERSONNES
PRÉPARATION : 30 MIN
CUISSON : 15 MIN
DIFFICULTÉ : FACILE
COÛT : BON MARCHÉ

Crème de poivrons et crumble de feta

Pour la crème de poivrons
- *2 poivrons rouges*
- *1 échalote*
- *15 cl de bouillon de volaille*
- *2 cuil. à soupe de crème fraîche épaisse*
- *1 yaourt de brebis*
- *10 brins de ciboulette*
- *2 cuil. à soupe d'huile d'olive*
- *Sel, poivre*

Pour le crumble
- *2 cuil. à soupe de farine*
- *20 g de beurre*
- *30 g de feta*
- *5 brins de ciboulette*

Matériel
- *Mixeur*

Rincez les poivrons, coupez-les en quatre, puis épépinez-les. Épluchez et hachez l'échalote.

Faites chauffer l'huile d'olive dans une sauteuse, puis faites-y revenir les légumes pendant 5 min. Salez et poivrez. Ajoutez le bouillon et poursuivez la cuisson pendant 10 min à feu moyen-doux.

Mixez finement les légumes cuits, ajoutez la crème fraîche, le yaourt de brebis et les brins de ciboulette ciselés. Goûtez et rectifiez l'assaisonnement si nécessaire. Versez la crème dans des verrines allant au four. Préchauffez le four à 190 °C (th. 6).

Préparez le crumble : mixez par petites impulsions la farine, le beurre, la feta et la ciboulette jusqu'à obtenir une grosse semoule. Répartissez ce crumble sur les crèmes, puis enfournez pour 15 min environ, jusqu'à ce qu'il commence à brunir. Servez chaud ou tiède.

POUR 6 PERSONNES
PRÉPARATION : 30 MIN
CUISSON : 20 MIN
RÉFRIGÉRATION : 6 H
DIFFICULTÉ : FACILE
COÛT : BON MARCHÉ

Mousse de potimarron et sa chantilly au cumin

- *300 g de potimarron*
- *1 carotte*
- *25 cl de lait*
- *1 pointe de noix muscade en poudre*
- *1 pointe de cannelle en poudre*
- *2 œufs*
- *Sel, poivre*

Pour la crème Chantilly
- *25 cl de crème liquide*
- *1 glaçon*
- *1/2 cuil. à café de cumin en poudre*
- *Sel, poivre*

Matériel
- *Mixeur*

Rincez le potimarron, épépinez-le, puis coupez-le en dés (en conservant la peau). Épluchez la carotte et coupez-la en rondelles.

Dans une casserole, versez le lait et ajoutez-y les dés de potimarron et les rondelles de carotte. Assaisonnez avec la muscade, la cannelle, du sel et du poivre, puis faites cuire le tout pendant 15 min à feu doux. Une fois la cuisson terminée, mixez les légumes afin d'obtenir un mélange homogène, puis réservez.

Séparez les blancs des jaunes d'œufs. Dans un saladier, fouettez les jaunes en omelette puis, dans un autre récipient, battez les blancs en neige.

Remettez sur feu doux les légumes mixés, puis ajoutez les jaunes d'œufs en mélangeant constamment. Incorporez ensuite les blancs battus en neige. Laissez alors refroidir la mousse hors du feu, tout en battant de temps en temps pour éviter la formation d'une peau. Répartissez la mousse dans des verrines et placez-les au réfrigérateur pendant au moins 6 h.

Fouettez la crème liquide avec le glaçon afin d'obtenir une chantilly. Salez, poivrez et ajoutez le cumin. Surmontez chaque verrine d'une spirale ou de 1 cuil. de chantilly. Saupoudrez de cumin et servez.

VARIANTES

Préparez une mousse mi-potimarron mi-châtaigne et remplacez le cumin par du safran ou du curry.

POUR 6 PERSONNES
PRÉPARATION : 10 MIN
CUISSON : 20 MIN
DIFFICULTÉ : FACILE
COÛT : RAISONNABLE

Crème de poivrons grillés au Boursin et à la coppa

- *6 tranches de coppa*
- *3 poivrons rouges*
- *80 g de Boursin*
- *10 cl de crème liquide*
- *8 feuilles de basilic*
- *5 cl d'huile d'olive*
- *Sel, poivre*

Matériel
- *Mixeur*

Préchauffez le four à 200 °C (th. 6-7). Enveloppez les poivrons dans du papier d'aluminium, cuisez-les 20 min au four. Pelez-les et rincez-les. Coupez-les en morceaux, mettez-les dans un récipient avec l'huile, le basilic, la crème, du sel et du poivre. Mixez le tout.

Faites griller la coppa dans une poêle sans matière grasse. Versez la crème de poivrons dans des verres. Émiettez le Boursin dessus et servez avec la coppa.

POUR 6 PERSONNES
PRÉPARATION : 20 MIN
CUISSON : 5 MIN
RÉFRIGÉRATION 1 H
DIFFICULTÉ : TRÈS FACILE
COÛT : RAISONNABLE

Crème de parmesan au pistou de roquette

- *30 cl de crème liquide*
- *130 g de parmesan râpé*
- *1 grosse poignée de roquette*
- *1 gousse d'ail*
- *5 cl d'huile d'olive*
- *Sel, poivre*

Matériel

- *Mixeur*

Portez à ébullition 2 min la crème dans une casserole. Ajoutez le parmesan râpé et du poivre. Faites cuire 2 à 3 min sur feu très doux en remuant.

Versez la crème de parmesan dans des verrines, puis placez-les au frais au moins 1 h.

Mixez la roquette avec la gousse d'ail, l'huile d'olive, du sel et du poivre. Une fois la crème de parmesan refroidie, répartissez un peu de pistou de roquette dans les verres et servez.

POUR 4 PERSONNES
PRÉPARATION : 20 MIN
CUISSON : 15 MIN
RÉFRIGÉRATION : 2 H
DIFFICULTÉ : FACILE
COÛT : CHER

Coquillages à la chantilly safranée

- *4 litres de coquillages (coques, moules, palourdes, praires, etc.)*
- *10 cl de vin blanc*
- *1 oignon rouge*
- *1 feuille de laurier*
- *40 g de beurre*
- *Sel, poivre*

Pour la chantilly
- *2 dosettes de safran en filaments*
- *15 cl de crème liquide entière*

Matériel
- *Siphon*

Lavez longuement les coquillages afin d'en retirer le sable. Émincez l'oignon. Faites fondre le beurre dans une grande casserole et faites-y revenir l'oignon pendant 2 min en remuant. Versez le vin blanc, le laurier, du poivre et portez à ébullition. Mettez d'abord les gros coquillages et laissez-les s'ouvrir en les tournant de temps en temps. Ajoutez ensuite les petits coquillages et continuez à tourner.

Retirez les coquillages de la casserole et réservez-les dans un saladier sous un film alimentaire. Jetez le safran dans la casserole et laissez le jus de cuisson réduire de moitié environ. Filtrez le jus dans une passoire très fine afin d'en retirer le sable. Réservez-en 10 cl pour la chantilly et gardez le reste dans un bol.

Préparez la chantilly. Mélangez les 10 cl de jus de cuisson avec la crème. Salez et poivrez si nécessaire, puis filtrez à travers une passoire fine. Versez dans le siphon. Fermez-le, vissez une cartouche de gaz et secouez vivement. Placez 2 h au réfrigérateur. Au moment de servir, réchauffez rapidement les coquillages dans le jus de cuisson restant. Servez les coquillages avec l'écume safranée.

POUR 4 PERSONNES
PRÉPARATION : 25 MIN
RÉFRIGÉRATION : 2 H
DIFFICULTÉ : FACILE
COÛT : RAISONNABLE

Ceviche de dorade, mousse de guacamole

- *600 g de filet de dorade*
- *Le jus de 2 citrons verts (au moins 6 cuil. à soupe)*
- *2 tomates bien fermes*
- *4 oignons nouveaux*
- *8 brins de ciboulette*
- *3 cuil. à soupe d'huile d'olive*
- *Sel, poivre*

Pour la mousse
- *1 feuille de gélatine*
- *Le jus de 1 1/2 citron vert*
- *2 avocats*
- *2 oignons verts*
- *2 gouttes de Tabasco*
- *2 cuil. à soupe d'huile d'olive*
- *Sel, poivre*

Matériel
- *Mixeur*
- *Siphon*

Préparez la mousse. Faites tremper la gélatine 5 min dans un bol d'eau froide. Essorez-la et faites-la fondre dans le jus de citron bouillant, mais hors du feu.

Coupez les avocats en deux, retirez les noyaux et prélevez la chair. Placez-la dans le bol du mixeur. Nettoyez les oignons en gardant 5 cm de queue verte, hachez-les grossièrement. Ajoutez-les dans le bol du mixeur avec le Tabasco, l'huile d'olive, 5 cl d'eau froide, du sel, du poivre et le citron gélatiné. Mixez longuement.

Passez la purée obtenue au travers d'une passoire fine. Versez dans le siphon, fermez-le et vissez une cartouche de gaz. Secouez-le vivement. Placez au moins 2 h au réfrigérateur.

Coupez les filets de dorade en petits cubes. Placez-les dans un saladier avec le jus de citron, l'huile d'olive, du sel et du poivre. Laissez reposer 1 h au froid en mélangeant de temps à autre. Au bout de ce temps, ajoutez la ciboulette ciselée et mélangez.

Coupez les tomates en petits cubes après en avoir retiré les pépins. Détaillez les oignons en rondelles fines. Un quart d'h avant la fin de la marinade de la dorade, ajoutez dans le saladier les oignons et les tomates. Mélangez.

Sortez la préparation du réfrigérateur et laissez-la reposer 10 min à température ambiante. Servez le ceviche avec sa mousse de guacamole.

POUR 4 PERSONNES
PRÉPARATION : 20 MIN
CUISSON : 25 MIN
RÉFRIGÉRATION : 2 H
DIFFICULTÉ : FACILE
COÛT : RAISONNABLE

Poêlée de calmars, espuma de chorizo

- *1,2 kg de blancs de calmars nettoyés par le poissonnier*
- *3 gousses d'ail*
- *3 cuil. à soupe d'huile d'olive*
- *Sel, poivre*

Pour l'espuma

- *150 g de chorizo piquant*
- *30 cl de vin blanc sec*
- *10 cl de crème liquide*
- *1 feuille de gélatine*

Matériel

- *Mixeur*
- *Siphon*

Préparez l'espuma. Versez le vin blanc dans une casserole ainsi que le chorizo coupé en rondelles. Faites cuire à feu doux pendant 10 min.

Cinq minutes avant la fin de la cuisson, faites tremper la gélatine dans un bol d'eau froide. Incorporez-la bien essorée dans la casserole, hors du feu, en fin de cuisson. Versez le tout dans le bol du mixeur et mixez très longuement. Filtrez au travers d'une passoire fine et mélangez avec la crème liquide. Versez dans le siphon. Fermez-le, vissez une cartouche de gaz et secouez vivement. Placez le siphon au réfrigérateur pendant au moins 2 h.

Lavez les blancs de calmars, puis coupez-les en rondelles ou en lanières. Épluchez l'ail et coupez chaque gousse en deux. Faites chauffer 1 cuil. à soupe d'huile d'olive dans la poêle. Ajoutez les calmars et faites-les revenir pendant environ 5 min. Retirez le jus de la poêle et ajoutez le restant d'huile et l'ail. Faites cuire à feu très vif pendant 5 min en remuant. Salez et poivrez. Servez bien chaud avec l'espuma de chorizo.

CONSEIL

Utilisez des calmars frais qui rendent beaucoup moins d'eau que les calmars congelés.

POUR 4 PERSONNES
PRÉPARATION : 15 MIN
CUISSON : 30 MIN
RÉFRIGÉRATION : 2 H
DIFFICULTÉ : FACILE
COÛT : BON MARCHÉ

Risotto de crevettes, espuma d'encre de seiche

- *250 g de riz pour risotto*
- *1 gros blanc de calmar*
- *16 grosses crevettes crues*
- *30 cl de bouillon de légumes*
- *20 cl de vin blanc*
- *1 oignon*
- *3 cuil. à soupe de crème fraîche*
- *2 cuil. à soupe de persil ciselé*
- *3 cuil. à soupe d'huile d'olive*

Pour l'espuma
- *8 g d'encre de seiche*
- *30 cl bouillon de poisson (Ariaké, de préférence)*
- *2 feuilles de gélatine*

Matériel
- *Siphon*

Préparez l'espuma. Faites tremper la gélatine 5 min dans un bol d'eau froide. Faites chauffer la moitié du bouillon de poisson et faites-y fondre, hors du feu, la gélatine bien essorée. Mélangez au reste du bouillon et ajoutez l'encre de seiche. Laissez refroidir avant de verser dans le siphon. Fermez-le, vissez une cartouche de gaz et secouez vivement. Placez au moins 2 h au réfrigérateur.

Émincez l'oignon. Décortiquez les crevettes. Détaillez le blanc de calmar en rondelles. Dans une poêle, faites revenir 2 min le calmar et les crevettes avec 1 cuil. à soupe d'huile d'olive. Versez le jus rendu dans le bouillon de légumes et faites-le chauffer. Gardez-le au chaud.

Dans une sauteuse, faites revenir l'oignon dans le restant d'huile, puis ajoutez le riz. Remuez et, dès que le riz est translucide, versez le vin blanc. À l'évaporation du liquide, ajoutez une louche de bouillon chaud. Chaque fois que le liquide est absorbé, ajoutez une louche de bouillon. Le riz cuit en 25 min environ. Il doit rester croquant.

Cinq minutes avant la fin de la cuisson, ajoutez le calmar et les crevettes au risotto. Juste avant de servir, incorporez la crème fraîche et le persil, puis laissez chauffer doucement 1 min. Servez le risotto avec son écume d'encre de seiche.

POUR 4 PERSONNES
PRÉPARATION : 10 MIN
CUISSON : 10 MIN
RÉFRIGÉRATION : 2 H
DIFFICULTÉ : FACILE
COÛT : RAISONNABLE

Filet de sandre, chantilly à l'oseille

- *4 filets de sandre*
- *Un peu de farine pour la cuisson*
- *Huile ou beurre pour la cuisson*
- *Sel, poivre*

Pour la chantilly
- *20 feuilles d'oseille*
- *20 cl de crème liquide*

Matériel
- *Mixeur*
- *Siphon*

Préparez la chantilly. Émincez l'oseille. Faites-la fondre 30 s dans 5 cl de crème chaude, couvrez et laissez infuser 10 min. Mixez la crème à l'oseille et ajoutez le restant de crème. Filtrez-la et versez dans le siphon. Fermez-le, vissez une cartouche de gaz et secouez vivement. Placez le siphon au réfrigérateur pendant au moins 2 h.

Mélangez la farine avec du sel et du poivre. Farinez les filets de sandre des 2 côtés. Faites chauffer de la matière grasse dans une poêle et faites-y cuire les filets de poisson.

Servez les filets de sandre bien chauds, accompagnés de la chantilly à l'oseille.

CONSEIL

Le sandre est un poisson d'eau douce que l'on ne trouve pas toujours chez le poissonnier : commandez-le à l'avance.

POUR 4 PERSONNES
PRÉPARATION : 10 MIN
CUISSON : 20 MIN
RÉFRIGÉRATION : 2 H
DIFFICULTÉ : FACILE
COÛT : UN PEU CHER

Bar à la mousse de thé fumé

- *1 beau bar (ou deux petits) coupé en tronçons*
- *2 cuil. à soupe de thé fumé*
- *Sel, poivre*

Pour la mousse

- *2 cuil. à soupe de thé fumé*
- *15 cl de crème liquide*
- *1 feuille de gélatine*

Matériel

- *Siphon*
- *Cuit-vapeur*

Préparez la mousse. Portez à ébullition 15 cl d'eau et faites-y infuser le thé fumé pendant 5 min. Faites tremper la gélatine dans un bol d'eau froide pendant 5 min.

Filtrez le thé et faites-le chauffer à nouveau. À l'ébullition, incorporez la gélatine bien essorée à l'aide d'un fouet. Laissez refroidir avant de mélanger à la crème liquide. Versez dans le siphon. Fermez-le, vissez une cartouche de gaz et secouez vivement. Placez le siphon au réfrigérateur pendant au moins 2 h.

Placez les 2 autres cuil. à soupe de thé fumé dans le cuit-vapeur avec de l'eau. Disposez les tronçons de bar salés et poivrés dans le panier du cuit-vapeur et faites-les cuire à la vapeur de thé, le temps indiqué par le poissonnier.

Servez le bar, avec la mousse de thé fumé en accompagnement.

VARIANTE

Vous pouvez utiliser un autre thé, à condition qu'il ne soit pas trop fleuri en goût. Il est possible de faire cette recette avec du thé au jasmin par exemple, mais pas du thé de Noël.

POUR 4 PERSONNES
PRÉPARATION : 20 MIN
CUISSON : 1 H 10
RÉFRIGÉRATION : 2 H
DIFFICULTÉ : FACILE
COÛT : UN PEU CHER

Pavé de cabillaud, espuma de tomates rôties

- *4 pavés de cabillaud*
- *Huile pour la cuisson (facultatif)*
- *Sel, poivre*

Pour l'espuma

- *4 belles tomates cœur-de-bœuf*
- *4 gousses d'ail*
- *2 cuil. à soupe de sarriette effeuillée*
- *5 cuil. à soupe d'huile d'olive*
- *1 1/2 feuille de gélatine*
- *Sel, poivre*

Matériel

- *Siphon*
- *Cuit-vapeur (facultatif)*

Préparez l'espuma. Préchauffez le four à 180 °C (th. 6). Coupez les tomates en deux dans l'épaisseur. Épluchez l'ail et hachez-le. Placez les demi-tomates dans un plat allant au four. Parsemez chacune d'elles d'ail et de sarriette. Salez, poivrez et arrosez d'huile d'olive. Enfournez pour environ 1 h. Les tomates doivent être bien cuites mais pas brûlées. Si le four chauffe trop fort, baissez la température.

Sortez les tomates du four. Laissez-les refroidir avant de les mixer longuement. Filtrez au travers d'une passoire fine et ajoutez 10 cl d'eau froide.

Faites tremper la gélatine 5 min dans un bol d'eau froide. Prélevez 4 cuil. à soupe du jus des tomates filtrées et faites-les chauffer. À l'ébullition et hors du feu, incorporez la gélatine bien essorée. Mélangez au reste du jus de tomate. Versez dans le siphon. Fermez-le, vissez une cartouche de gaz et secouez vivement. Placez au moins 2 h au réfrigérateur.

Salez et poivrez les pavés de cabillaud. Faites-les cuire à la poêle ou au cuit-vapeur. Servez-les bien chauds avec l'espuma.

POUR 4 PERSONNES
PRÉPARATION : 15 MIN
CUISSON : 35 MIN
RÉFRIGÉRATION : 2 H
DIFFICULTÉ : FACILE
COÛT : BON MARCHÉ

Grenailles au four, chantilly au reblochon

- *1,2 kg de petites pommes de terre grenaille*
- *12 tranches fines de lard fumé*
- *2 cuil. à soupe huile d'olive*
- *Gros sel*

Pour la chantilly

- *1/4 de reblochon*
- *25 cl de crème liquide*
- *1 gousse d'ail*
- *Sel, poivre*

Matériel

- *Siphon*

Préparez la chantilly. Retirez la croûte du reblochon et coupez-le en petits dés. Épluchez l'ail. Dans une casserole, faites chauffer la crème liquide, les dés de fromage, la gousse d'ail, du sel et du poivre. Maintenez sur feu doux en tournant jusqu'à ce que le fromage soit fondu, puis filtrez au travers d'une passoire fine. Versez dans le siphon. Fermez-le, vissez une cartouche de gaz et secouez vivement. Placez le siphon au réfrigérateur pendant au moins 2 h.

Préchauffez le four à 210 °C (th. 7). Lavez les pommes de terre et essuyez-les. Étalez-les dans un plat allant au four en une seule couche, versez l'huile d'olive et du gros sel. Mélangez bien. Faites cuire au four pendant 35 min. Vérifiez la cuisson en les piquant : elles doivent être bien tendres.

Juste avant la fin de la cuisson des pommes de terre, faites cuire, dans une poêle sèche, les tranches de lard, à feu vif, jusqu'à ce qu'elles soient croustillantes.

Servez sans attendre les pommes de terre avec la chantilly au reblochon et le lard croustillant.

POUR 4 PERSONNES
PRÉPARATION : 15 MIN
CUISSON : 12 MIN
RÉFRIGÉRATION : 2 H
INFUSION : 10 MIN
DIFFICULTÉ : FACILE
COÛT : BON MARCHÉ

Aiguillettes de poulet frites, chantilly à l'ail

- *3 filets de poulet*
- *1 botte de persil*
- *1 cuil. à café de curcuma*
- *3 cuil. à soupe d'huile d'olive*
- *Sel, poivre*

Pour la chantilly

- *25 cl de crème liquide*
- *3 gousses d'ail*
- *8 brins de persil*
- *2 cuil. à soupe d'huile d'olive*

Matériel

- *Mixeur*
- *Siphon*

Préparez la chantilly. Écrasez l'ail, retirez la peau et hachez-le. Lavez et hachez le persil. Dans une casserole, faites chauffer 5 cl de crème et 5 cl d'eau avec les gousses d'ail et le persil. Faites cuire 5 min à feu doux, puis laissez infuser, hors du feu et à couvert, pendant 10 min.

Mixez longuement le tout avec l'huile d'olive et ajoutez le reste de la crème. Filtrez au travers d'une passoire fine. Versez dans le siphon. Fermez-le, vissez une cartouche de gaz et secouez vivement. Placez le siphon au réfrigérateur pendant au moins 2 h.

Coupez les filets de poulet en lanières de 2 cm de côté. Lavez et hachez grossièrement le persil. Faites chauffer l'huile d'olive dans la poêle et faites-y sauter les morceaux de poulet, à feu moyen, pendant 5 min en les retournant souvent. Ajoutez le curcuma, du sel et du poivre. Poursuivez la cuisson 2 min en tournant. Ajoutez le persil juste avant d'éteindre le feu.

Servez les aiguillettes avec la chantilly à l'ail.

VARIANTE

Vous pouvez aussi réaliser cette recette avec du lapin, c'est délicieux !

POUR 4 PERSONNES
PRÉPARATION : 15 MIN
CUISSON : 20 MIN
RÉFRIGÉRATION : 2 H
DIFFICULTÉ : FACILE
COÛT : BON MARCHÉ

Tronçons de boudin, espuma de pomme et espelette

- 700 g de boudin noir
- Huile pour la cuisson

Pour l'espuma
- 2 pommes (type reinette)
- 20 cl de jus de pomme (bio de préférence)
- 30 g de beurre
- 4 cuil. à soupe de sucre
- 1 bonne pincée de piment d'Espelette
- 1 feuille de gélatine
- Sel, poivre

Matériel
- Mixeur
- Siphon

■ Lavez les pommes et essuyez-les. Coupez-les en quatre et retirez les pépins. Coupez la chair en gros cubes.

■ Faites cuire les pommes dans le jus de pomme, à feu doux, pendant environ 10 min. Faites tremper la gélatine dans un bol d'eau froide pendant 5 min.

■ Ajoutez le piment d'Espelette, le sucre, le beurre et, en fin de cuisson et hors du feu, la gélatine. Salez et poivrez. Mélangez bien. Laissez refroidir.

■ Versez le tout dans le bol du mixeur et mixez longuement. Filtrez au travers d'une passoire fine. Versez le jus obtenu dans le siphon. Fermez-le, vissez une cartouche de gaz et secouez vivement. Placez le siphon au réfrigérateur pendant au moins 2 h.

■ Piquez le boudin à la fourchette pour qu'il n'éclate pas à la cuisson. Faites-le cuire à la poêle, de tous les côtés, dans un peu d'huile. Comptez 10 min de cuisson. Coupez-le en tronçons et servez avec l'espuma.

CONSEIL

Le goût de la pomme change beaucoup la qualité de l'espuma : si vous ne trouvez pas de reinettes, utilisez plutôt des pommes à cuire, comme des boskoop.

POUR 4 PERSONNES
PRÉPARATION : 20 MIN
CUISSON : 10 MIN
RÉFRIGÉRATION : 2 H
MARINADE : 2 H
DIFFICULTÉ : FACILE
COÛT : BON MARCHÉ

Brochettes d'agneau, mousse de citron confit

- *800 g d'épaule d'agneau dégraissée*
- *4 cuil. à soupe d'huile d'olive*
- *1 cuil. à soupe de cumin en poudre*
- *Le jus de 1 citron*
- *16 oignons verts*
- *Poivre*

Pour la mousse

- *1 sachet de bouillon de volaille (Ariaké, de préférence)*
- *1/2 citron confit (environ 50 g)*
- *1 1/2 feuille de gélatine*

Matériel

- *Mixeur*
- *Siphon*

Préparez la mousse. Faites tremper la gélatine dans un bol d'eau froide pendant 5 min. Préparez le bouillon de volaille pour obtenir 30 cl de liquide. Quand il est bien chaud, faites-y fondre la gélatine bien essorée. Versez la moitié du bouillon dans le bol du mixeur ainsi que le demi-citron confit coupé en morceaux. Mixez longuement.

Mélangez les 2 liquides et filtrez-les au travers d'une passoire fine. Versez dans le siphon. Fermez-le, vissez une cartouche de gaz et secouez vivement. Placez le siphon au réfrigérateur pendant au moins 2 h.

Coupez l'épaule d'agneau en cubes. Placez-les dans un saladier avec l'huile d'olive, le cumin, du poivre et le jus de citron. Mélangez bien et laissez mariner 2 h au frais en retournant la viande de temps à autre.

Nettoyez les oignons verts en laissant 5 cm de queue verte. Piquez la viande sur 8 brochettes en intercalant 2 oignons par brochette. Faites cuire les brochettes sur le barbecue ou bien sous le gril du four en les retournant à mi-cuisson. Servez-les aussitôt avec la mousse de citron confit.

POUR 4 PERSONNES
PRÉPARATION : 15 MIN
CUISSON : 20 MIN
RÉFRIGÉRATION : 2 H
TREMPAGE : 30 MIN
DIFFICULTÉ : FACILE
COÛT : BON MARCHÉ

Mignons de porc, chantilly aux pruneaux

- *2 petits filets mignons*
- *3 cuil. à soupe de miel liquide*
- *2 cuil. à soupe d'huile d'olive*
- *Sel, poivre*

Pour la chantilly

- *8 pruneaux moelleux dénoyautés*
- *25 cl de crème liquide*
- *1 cuil. à soupe d'armagnac*

Matériel

- *Mixeur*
- *Siphon*

Préparez la chantilly. Mettez les pruneaux à tremper 30 min dans un bol avec l'armagnac et 1 cuil. à soupe d'eau chaude. Retournez-les deux ou trois fois.

Versez 5 cl de crème liquide et le contenu du bol dans le mixeur et mixez longuement. Mélangez au reste de la crème avant de filtrer au travers d'une passoire fine. Versez dans le siphon. Fermez-le, vissez une cartouche de gaz et secouez vivement. Placez le siphon au réfrigérateur pendant au moins 2 h.

Préchauffez le four à 210 °C (th. 7). Versez l'huile d'olive dans un plat allant au four, puis placez-y les filets mignons et retournez-les sur eux-mêmes plusieurs fois afin de bien les imbiber d'huile. Couvrez le dessus des filets avec le miel, salez et poivrez.

Enfournez les filets mignons pour au moins 20 min de cuisson. Éteignez le four, entrouvrez la porte et laissez la viande reposer pendant 5 min.

Servez les filets mignons coupés en tranches, accompagnés de la chantilly aux pruneaux.

POUR 4 PERSONNES
PRÉPARATION : 15 MIN
CUISSON : 15 MIN
RÉFRIGÉRATION : 2 H
DIFFICULTÉ : FACILE
COÛT : BON MARCHÉ

Magrets poêlés, espuma de cerises

- *2 magrets de canard*
- *Sel, poivre*

Pour l'espuma
- *300 g de cerises dénoyautées au sirop*
- *2 feuilles de gélatine*
- *1 cuil. à café de kirsch*

Matériel
- *Mixeur*
- *Siphon*

Préparez l'espuma. Faites tremper la gélatine dans un bol d'eau froide pendant 5 min.

Mixez longuement les cerises avec leur jus. Filtrez le tout au travers d'une passoire fine au-dessus d'un bol. Vous devez obtenir 40 cl de jus ; dans le cas contraire, ajoutez un peu de jus de cerise du bocal.

Prélevez 4 cuil. à soupe de jus de cerise et faites-le chauffer. À l'ébullition, retirez du feu et faites-y fondre la gélatine bien essorée. Mélangez avec le jus de cerise dans le bol. Versez le kirsch et mélangez. Filtrez à nouveau.

Versez le jus de cerise dans le siphon, fermez-le, vissez une cartouche cartouche de gaz et secouez vivement. Placez le siphon au réfrigérateur pendant au moins 2 h.

À l'aide d'un couteau bien aiguisé, faites des croisillons sur la peau des magrets. Faites-les cuire, côté peau, à feu très doux, pendant 15 min en retirant de temps en temps le gras de la poêle.

Augmentez ensuite la puissance du feu et faites cuire les magrets 2 min, côté chair. Salez et poivrez. Laissez-les reposer dans la poêle, hors du feu, couverts d'une feuille de papier d'aluminium, puis tranchez-les en fines lamelles.

Servez les magrets accompagnés de l'espuma de cerises.

POUR 4-6 PERSONNES
PRÉPARATION : 1 H
CUISSON : 1 H
DIFFICULTÉ : DIFFICILE
COÛT : UN PEU CHER

Espuma de crustacés

- *1 kg de têtes de langoustine (ou de crabes)*
- *1 oignon*
- *2 gousses d'ail*
- *1 fenouil*
- *3 tomates*
- *20 cl de vin blanc*
- *1 cuil. à café de flocons de purée de pommes de terre*
- *2 g d'agar-agar*
- *5 cl de crème liquide*
- *Huile d'olive*
- *Sel*

Concassez les crustacés. Épluchez et hachez grossièrement l'oignon et les gousses d'ail, ainsi que le fenouil. Coupez les tomates en tranches.

Dans une cocotte, faites revenir les crustacés 10 min dans un fond d'huile d'olive. Ajoutez tous les légumes et aromates, puis faites cuire pendant 5 min. Versez le vin blanc et faites bouillir 5 min. Recouvrez tout juste d'eau froide, puis faites mijoter encore 40 min. Filtrez ensuite le contenu de la cocotte.

Versez le jus obtenu dans une casserole, puis faites-le bouillir et réduire jusqu'à obtenir 20 cl de jus très concentré. Mixez très finement avec les flocons de purée, puis l'agar-agar. Salez. Filtrez, mixez et ajoutez la crème liquide. Filtrez de nouveau très finement.

Versez la préparation dans le siphon. Fermez-le, puis engagez la cartouche de gaz et secouez plusieurs fois. Placez le siphon dans un bain-marie un peu chaud (pas plus de 50 °C) pendant 2 ou 3 min. Pressez doucement le bec du siphon pour faire sortir l'espuma.

POUR 4-6 PERSONNES
PRÉPARATION : 20 MIN
CUISSON : 10 MIN
DIFFICULTÉ : DIFFICILE
COÛT : CHER

Espuma de coquillages au safran

- *1 l de moules ou de coques*
- *1 échalote*
- *10 cl de vin blanc*
- *2 dosettes de safran en poudre*
- *15 cl de crème liquide*
- *1 cuil. à soupe de flocons de purée de pommes de terre*
- *3 g d'agar-agar*

Matériel
- *Mixeur*
- *Siphon*

Dans une casserole, assemblez les coquillages, l'échalote hachée, le vin et 1 dose de safran. Faites cuire 7 ou 8 min à couvert en remuant assez souvent.

Décortiquez les coquillages et filtrez le jus. Mélangez 20 cl de jus de cuisson avec la crème, le safran restant, les flocons de purée et l'agar-agar. Mélangez bien, mixez, puis filtrez.

Versez dans le siphon. Fermez-le, puis engagez la cartouche de gaz et secouez bien. Placez le siphon dans un bain-marie un peu chaud (pas plus de 50 °C) pendant 2 ou 3 min (si besoin). Pressez doucement le bec du siphon pour faire sortir l'espuma.

POUR 6 PERSONNES
PRÉPARATION : 15 MIN
CUISSON : 20 MIN
RÉFRIGÉRATION : 1 H
DIFFICULTÉ : TRÈS FACILE
COÛT : RAISONNABLE

Mousse d'asperges et chips de jambon cru

- *6 tranches de jambon cru*
- *10 asperges vertes*
- *15 cl de crème liquide*
- *1 jus de citron*
- *Sel, poivre*

Matériel
- *Mixeur*

■ Préchauffez votre four à 200 °C (th. 6-7). Épluchez les asperges et éliminez l'extrémité des pieds. Faites-les cuire 12 à 15 min dans de l'eau bouillante salée. Passez-les sous l'eau froide, égouttez-les, coupez-les en morceaux et mixez-les.

■ Séchez le jambon 6 à 8 min au four.

■ Fouettez la crème en chantilly bien ferme. Puis mélangez-la aux asperges avec le jus de citron, du sel et du poivre. Répartissez la mousse dans des verrines, réservez au frais au moins 1 h puis servez avec le jambon.

POUR 4-6 PERSONNES
PRÉPARATION : 30 MIN
CUISSON : 1 H 30
DIFFICULTÉ : DIFFICILE
COÛT : CHER

Espuma de blanquette

- *1 kg de blanquette de veau coupée en morceaux*
- *1 blanc de poireau*
- *2 oignons*
- *2 carottes*
- *1 bouquet garni*
- *Quelques grains de poivre*
- *10 cl de crème liquide*
- *2 g d'agar-agar*
- *Sel*

Matériel

- *Mixeur*
- *Siphon*

Placez la viande dans une cocotte, recouvrez d'eau froide, puis portez à ébullition à feu vif. Écumez la surface du bouillon à l'aide d'une louche. Ajoutez tous les légumes préalablement épluchés, lavés et coupés en gros morceaux, le bouquet garni et les grains de poivre. Laissez mijoter à feu très doux pendant 1 h 30 environ.

Récupérez 50 cl de jus de cuisson. Versez-le dans une casserole puis faites bouillir et réduire, jusqu'à obtenir seulement 20 cl de jus très concentré. Filtrez le jus obtenu et laissez-le refroidir un moment.

Ajoutez la crème liquide en mélangeant au fouet, puis l'agar-agar et un peu de sel. Filtrez de nouveau.

Versez la préparation dans le siphon. Fermez-le, puis engagez la cartouche de gaz et secouez plusieurs fois. Placez le siphon dans un bain-marie un peu chaud (pas plus de 50 °C) pendant 2 ou 3 min. Pressez doucement le bec du siphon pour faire sortir l'espuma.

UTILISATION

Disposez les légumes et la viande dans quatre petites assiettes creuses. Versez par-dessus un peu de bouillon brûlant, déposez un peu d'espuma et décorez avec des herbes fraîches hachées.

POUR 6 PERSONNES
PRÉPARATION : 40 MIN
REPOS : 1 H
CUISSON : 20 MIN
RÉFRIGÉRATION : 2 H
DIFFICULTÉ : FACILE
COÛT : BON MARCHÉ

Bavarois aux foies de volaille et sablés aux épinards

Pour les sablés
- *100 g de farine*
- *50 g de parmesan*
- *60 g de beurre ramolli*
- *1 oeuf*
- *30 g d'épinards surgelés cuits hachés*
- *1/2 cuil. à café de romarin ciselé*
- *1 pincée de sel*

Pour la mousse
- *200 g de foies de volaille*
- *20 g de beurre*
- *1/2 cuil. à café de romarin ciselé*
- *2 feuilles de gélatine*
- *150 g de crème fleurette*
- *Sel, poivre*

Matériel
- *Mixeur*

■ Préparez les sablés en mélangeant tous les ingrédients jusqu'à former une pâte sablée. Roulez-la en boule et laissez-la reposer 1 h à température ambiante.

■ Préchauffez le four à 180 °C (th. 6). Étalez la pâte au rouleau à pâtisserie et découpez-en des lamelles de 1 cm sur 6 cm. Disposez les sablés sur une feuille de papier sulfurisé et enfournez pour 10 min.

■ Parez les foies de volaille en retirant tous les nerfs et en dégageant les lobes. Lavez et rincez les foies. Dans une poêle, faites-les revenir dans le beurre pendant 5 min en remuant. Salez, poivrez et ajoutez le romarin. Mixez ensuite en une fine purée.

■ Faites tremper les feuilles de gélatine dans un bol d'eau pendant 5 min, puis essorez-les. Dans une casserole, faites chauffer la crème fleurette, introduisez la gélatine en mélangeant bien pour la dissoudre, puis incorporez la purée de foies de volaille.

■ Versez le mélange dans des verrines et laissez prendre au moins 2 h au réfrigérateur. Servez avec les biscuits au parmesan et aux épinards.

POUR 6 PERSONNES
PRÉPARATION : 20 MIN
CUISSON : 5 À 10 MIN
DIFFICULTÉ : FACILE
COÛT : RAISONNABLE

Houmous aux lardons de canard

- *150 g de lardons de canard*
- *1 citron*
- *1 gousse d'ail*
- *5 brins de persil plat*
- *200 g de pois chiches cuits*
- *3 cuil. à soupe de tahiné (pâte de sésame)*
- *Sel*

Matériel

- *Mixeur*

Pressez le citron. Épluchez et écrasez la gousse d'ail. Ciselez le persil. Égouttez les pois chiches et mixez-les en une purée très fine et bien lisse.

Incorporez à la purée de pois chiches le jus de citron, 4 cuil. à soupe d'eau, le tahiné, l'ail et le persil. Salez et mélangez bien. Ajoutez 1 ou 2 cuil. à soupe d'eau ou de citron, selon la consistance du houmous et votre goût.

Faites revenir les lardons de canard à sec dans une poêle antiadhésive.

Remplissez des verrines aux deux tiers d'houmous et répartissez par-dessus les lardons. Servez sans attendre.

POUR 6 PERSONNES
PRÉPARATION : 40 MIN
RÉFRIGÉRATION : 1 H
CUISSON : 10 MIN
DIFFICULTÉ : TRÈS FACILE
COÛT : CHER

Mousse de foie gras au caramel de porto

- *180 g de foie gras mi-cuit*
- *15 cl de crème liquide*
- *15 cl de porto*
- *15 g de beurre*
- *Sel, poivre*

Laissez reposer le foie gras 30 min à température ambiante avant de commencer la recette. Coupez-le ensuite en morceaux. Passez-le dans une passoire à tamis à l'aide du dos d'une cuillère à soupe pour obtenir une préparation lisse.

Portez à ébullition la crème dans une casserole. Hors du feu, ajoutez le foie gras, du poivre, un peu de sel, puis mélangez pour lisser la préparation. Répartissez la préparation dans des verres, placez au réfrigérateur au moins 1 h.

Faites réduire le porto sur feu doux dans une casserole pour obtenir une sorte de caramel. Hors du feu, ajoutez le beurre en fouettant, laissez refroidir. Au moment de servir, versez le caramel sur la mousse de foie gras.

CONSEIL

Servez la mousse avec des mouillettes de pain d'épice ou de pain aux fruits secs. Vous pouvez ajouter dans le fond de chaque verre 1 cuil. à café de chutney de figues ou d'abricots.

POUR 4 PERSONNES
PRÉPARATION : 20 MIN
RÉFRIGÉRATION : 2 H
DIFFICULTÉ : FACILE
COÛT : BON MARCHÉ

Tiramisu à l'abricot, chantilly à l'amaretto

- 10 oreillons d'abricots
- 4 cuil. à soupe de jus d'abricot
- 20 tuiles aux amandes
- 2 cuil. à soupe d'amandes effilées

Pour la chantilly
- 120 g de mascarpone
- 15 cl de crème liquide
- 2 jaunes d'œufs
- 80 g de sucre glace
- 2 cuil. à soupe d'amaretto

Matériel
- Siphon

Préparez la chantilly. Battez les jaunes d'œufs avec le sucre jusqu'à ce que le mélange blanchisse. Mélangez ensuite avec le mascarpone et l'amaretto. Filtrez ce mélange dans une passoire fine. Ajoutez la crème liquide et mélangez. Versez dans le siphon, fermez-le, vissez une cartouche de gaz et secouez vivement. Placez le siphon au réfrigérateur pendant au moins 2 h.

Concassez grossièrement les tuiles et mettez-les dans un saladier. Versez dessus le jus d'abricot. Coupez les oreillons d'abricots en morceaux.

Disposez dans 4 verres une couche de biscuits, puis des morceaux d'abricots et de la chantilly à l'amaretto. Répétez l'opération deux fois en terminant par de la chantilly. Parsemez d'amandes effilées. Servez aussitôt.

VARIANTE

Vous pouvez aussi confectionner ce tiramisu avec des pêches fraîches et vos biscuits préférés.

POUR 4 PERSONNES
PRÉPARATION : 15 MIN
RÉFRIGÉRATION : 2 H
DIFFICULTÉ : FACILE
COÛT : BON MARCHÉ

Soupe de fraises, chantilly aux Malabar

- *500 g de fraises*
- *100 g de sucre*
- *Le jus de 1 citron jaune*
- *1 bâton de cannelle*

Pour la chantilly
- *25 cl de crème liquide*
- *10 Malabar*

Matériel
- *Siphon*

Préparez la chantilly. Faites chauffer la crème dans une casserole. Dès qu'elle fume, ajoutez les Malabar coupés en morceaux et laissez-les fondre à feu très doux. Filtrez la crème parfumée pour supprimer tous les morceaux de gomme non fondus. Laissez refroidir et filtrez de nouveau avant de verser dans le siphon. Fermez-le, vissez une cartouche de gaz et secouez vivement. Placez le siphon au réfrigérateur 2 h.

Lavez les fraises, équeutez-les, puis coupez-les en deux ou en quatre selon leur grosseur. Dans une casserole versez le sucre, 20 cl d'eau, le jus de citron et le bâton de cannelle. Faites bouillir et maintenez à petite ébullition, à feu doux, pendant 10 min.

Au bout de ce temps, éteignez le feu, plongez les fraises coupées dans la casserole, tournez-les à l'aide d'une cuillère en bois deux ou trois fois, puis retirez-les aussitôt. Attendez que le sirop soit refroidi avant d'y remettre les fraises. Placez le tout au réfrigérateur pendant au moins 1 h.

Servez les fraises dans leur sirop, accompagnées de la chantilly aux Malabar.

POUR 4 PERSONNES
PRÉPARATION : 20 MIN
CUISSON : 25 MIN
DIFFICULTÉ : FACILE
COÛT : BON MARCHÉ

Petits pots de café, chantilly au Baileys

- *100 g de sucre en poudre*
- *4 jaunes d'œufs*
- *20 cl de lait entier*
- *20 cl de crème liquide*
- *3 cuil. à soupe de café soluble*

Pour la chantilly

- *20 cl de crème liquide*
- *6 cuil. à soupe de Baileys*

Matériel

- *Siphon*

Préparez la chantilly. Mélangez la crème liquide et le Baileys, puis versez dans le siphon. Fermez-le, vissez une cartouche de gaz et secouez vivement. Placez le siphon au réfrigérateur pendant au moins 2 h.

Battez ensemble le sucre et les jaunes d'oeufs jusqu'à ce que le mélange blanchisse. Versez le lait et la crème dans une casserole avec le café soluble. Portez à ébullition.

Préchauffez le four à 180 °C (th. 6). Versez peu à peu le lait bouillant sur le mélange œufs-sucre tout en fouettant sans arrêt. Versez ensuite dans 4 petits verres allant au four ou bien des pots de yaourt en verre.

Faites cuire les crèmes, au bain-marie, dans le four préchauffé pendant environ 25 min. Les crèmes doivent être juste prises. Après refroidissement, mettez-les au réfrigérateur pendant au moins 2 h.

Servez les crèmes bien froides, nappées de chantilly au Baileys.

POUR 4 PERSONNES
PRÉPARATION : 10 MIN
CUISSON : 10 MIN
RÉFRIGÉRATION : 2 H
DIFFICULTÉ : FACILE
COÛT : BON MARCHÉ

Sablés à la chantilly de pommes caramélisées

- *Sablés au citron*

Pour la chantilly
- *2 pommes à cuire*
- *60 g de sucre roux*
- *40 g de beurre*
- *25 cl de crème liquide*

Matériel
- *Mixeur*
- *Siphon*

Préparez la chantilly. Épluchez les pommes, coupez-les en quatre et retirez les pépins. Recoupez chaque quartier en deux.

Faites fondre le beurre et le sucre dans une poêle et faites-y caraméliser les pommes, à feu doux, pendant 10 min, en les retournant régulièrement. En fin de cuisson, ajoutez 8 cl d'eau et raclez bien le fond de la poêle avec une spatule.

Versez le contenu de la poêle dans le bol du mixeur et mixez longuement. Filtrez le tout au travers d'une passoire fine, puis ajoutez la crème et mélangez. Versez dans le siphon. Fermez-le, vissez une cartouche de gaz et secouez vivement. Placez le siphon au réfrigérateur pendant au moins 2 h.

Au dernier moment, garnissez les petits sablés au citron de chantilly à la pomme. Servez aussitôt.

CONSEILS

Servez ces sablés à la fin du repas avec le café ou bien à l'heure du thé. Utilisez les petits sablés qui ont votre préférence.

POUR 4 PERSONNES
PRÉPARATION : 15 MIN
CUISSON : 15 MIN
RÉFRIGÉRATION : 2 H
DIFFICULTÉ : FACILE
COÛT : BON MARCHÉ

Fressinettes poêlées à la chantilly de dattes

- *12 fressinettes ou mini-bananes*
- *50 g de beurre*
- *5 cuil. à soupe de miel liquide*
- *2 cuil. à soupe de pistaches concassées*

Pour la chantilly

- *10 dattes bien moelleuses (soit 200 g dénoyautées)*
- *3 cuil. à soupe d'eau de fleur d'oranger*
- *25 cl de crème liquide*

Matériel

- *Mixeur*
- *Siphon*

Préparez la chantilly. Dénoyautez et coupez les dattes en petits morceaux. Dans une casserole, faites chauffer l'eau de fleur d'oranger avec 6 cuil. à soupe d'eau. Ajoutez-y les morceaux de dattes. Faites cuire à feu doux pendant 5 min. Mettez les dattes et leur jus dans le bol du mixeur et mixez longuement avec 5 cl de crème liquide. Filtrez le contenu du bol au travers d'une passoire fine, ajoutez le reste de crème et mélangez. Versez dans le siphon. Fermez-le, vissez une cartouche de gaz et secouez vivement. Placez le siphon au réfrigérateur pendant au moins 2 h.

Épluchez les bananes. Faites fondre dans une poêle le beurre et le miel. Ajoutez les bananes et faites-les cuire, à feu très doux, pendant environ 10 min en les retournant de temps à autre. Si nécessaire, ajoutez un peu d'eau dans la poêle.

Servez les bananes bien chaudes, accompagnées de la chantilly de dattes et décorées de pistaches concassées.

CONSEIL

Les fressinettes se trouvent assez facilement et ont un goût bien plus prononcé que les bananes normales, donc cuites, elles sont meilleures.

POUR 4 PERSONNES
PRÉPARATION : 10 MIN
INFUSION : 10 MIN
RÉFRIGÉRATION : 2 H
DIFFICULTÉ : FACILE
COÛT : BON MARCHÉ

Mini-financiers à la chantilly au thé matcha

- *8 mini-financiers*
- *Sucre glace*

Pour la chantilly
- *30 cl de crème liquide*
- *2 cuil. à café de thé matcha*
- *60 g de sucre glace*

Matériel
- *Siphon*

Préparez la chantilly. Versez 10 cl de crème liquide dans une casserole avec le thé et le sucre. Faites chauffer à feu doux, éteignez le feu à l'ébullition et laissez infuser 10 min à couvert. Mélangez au reste de la crème liquide. Filtrez au travers d'une passoire fine.

Versez ensuite dans le siphon. Fermez-le, vissez une cartouche de gaz et secouez vivement. Placez le siphon au réfrigérateur pendant au moins 2 h.

Coupez les financiers en deux dans l'épaisseur. Dressez la chantilly sur la moitié inférieure des financiers et posez l'autre moitié par-dessus. Saupoudrez d'un voile de sucre glace et servez aussitôt.

CONSEILS

Mettez le thé matcha dans la casserole avec le sucre et versez progressivement la crème en fouettant, afin qu'il ne fasse pas de grumeaux. Vous pouvez commander les mini-financiers chez le pâtissier, mais on en trouve aussi de bonne qualité au supermarché chez les industriels. Vous pouvez aussi les réaliser vous-même.

POUR 4 PERSONNES
PRÉPARATION : 15 MIN
RÉFRIGÉRATION : 2 H
DIFFICULTÉ : FACILE
COÛT : RAISONNABLE

Carpaccio d'oranges, espuma de miel safrané

- *3 oranges*
- *3 cuil. à soupe de miel d'oranger*

Pour l'espuma

- *4 cuil. à soupe de miel d'oranger*
- *1 dosette de safran en poudre*
- *20 cl de jus d'orange*
- *3 cuil. à soupe de muscat (de Rivesaltes)*
- *1 feuille de gélatine*

Matériel

- *Siphon*

■ Préparez d'abord le carpaccio d'oranges. Pelez les oranges à vif : à l'aide d'un couteau bien aiguisé, retirez la peau des agrumes ainsi que la petite peau blanche du dessous. Coupez les oranges en très fines rondelles en recueillant le jus qui s'en écoule. Placez les rondelles d'orange dans un saladier. Faites fondre le miel et versez sur les oranges. Couvrez d'un film alimentaire et placez au froid.

■ Préparez l'espuma. Faites tremper la gélatine 5 min dans un bol d'eau froide. Versez le jus recueilli des oranges dans une casserole et portez à ébullition. Retirez du feu et faites-y fondre la gélatine bien essorée, le safran et le miel. Laissez reposer 5 min.

■ Versez le jus d'orange et le muscat dans la casserole. Filtrez au travers d'une passoire fine. Versez ensuite dans le siphon. Fermez-le, vissez une cartouche de gaz et secouez vivement. Placez le siphon au réfrigérateur pendant au moins 2 h.

■ Au moment de servir, disposez les rondelles fines d'oranges dans des assiettes et dressez la mousse au miel. Dégustez aussitôt.

POUR 4 PERSONNES
PRÉPARATION : 20 MIN
RÉFRIGÉRATION : 2 H
DIFFICULTÉ : FACILE
COÛT : UN PEU CHER

Salade de fruits jaunes, mousse coco

- *1 mangue*
- *1/2 ananas Victoria*
- *1 carambole*
- *1 fruit de la Passion*
- *2 cuil. à soupe de sirop de canne*

Pour la mousse
- *20 cl de lait de coco*
- *80 g de miel liquide*
- *Le jus de 1 citron*
- *10 cl de crème liquide*

Matériel
- *Siphon*

Préparez la mousse. Faites fondre le miel, puis mélangez-le au lait de coco, au jus de citron et à la crème liquide. Filtrez au travers d'une passoire fine. Versez ensuite dans le siphon. Fermez-le, vissez une cartouche de gaz et secouez vivement. Placez le siphon au réfrigérateur pendant au moins 2 h.

Épluchez la mangue et coupez-la en lamelles. Ôtez l'écorce de l'ananas en retirant bien les « yeux » noirs et coupez-le en demi-rondelles. Lavez, puis coupez la carambole en rondelles fines. Placez tous ces fruits dans un saladier avec le sirop de canne. Coupez le fruit de la Passion en deux, prélevez la chair avec une cuillère à café et ajoutez-la dans le saladier. Mélangez délicatement et placez au réfrigérateur au moins 1 h.

Servez cette salade de fruits agrémentée de la mousse coco.

VARIANTE

Utilisez les fruits exotiques que vous trouvez pour cette recette, comme la papaye.

POUR 4 PERSONNES
PRÉPARATION : 20 MIN
CUISSON : 25 MIN
RÉFRIGÉRATION : 2 H
DIFFICULTÉ : FACILE
COÛT : BON MARCHÉ

Dés d'ananas caramélisés, mousse de banane

- *1 ananas Victoria*
- *5 cuil. à soupe de miel liquide*
- *40 g de beurre*

Pour la mousse
- *80 g de sucre*
- *2 feuilles de gélatine*
- *150 g de chair de bananes mûres (mais surtout pas noircies)*
- *Le jus de 1 citron vert*
- *5 g de gingembre frais, pelé et râpé*

Matériel
- *Mixeur*
- *Siphon*

Préparez la mousse. Placez le gingembre dans une casserole avec 5 cl d'eau et portez à ébullition, laissez cuire 2 min. Éteignez le feu et laissez infuser à couvert pendant 5 min. Au bout de ce temps, filtrez le jus.

Faites tremper la gélatine dans un bol d'eau froide. Faites chauffer le jus de gingembre jusqu'à ébullition, puis, hors du feu, faites-y fondre la gélatine essorée.

Pelez et coupez les bananes en rondelles. Faites-les cuire dans le jus de citron avec le sucre et 10 cl d'eau, pendant 5 min, en tournant. Placez-les ensuite dans le bol du mixeur et mixez longuement. Ajoutez le jus de gingembre et mélangez bien. Filtrez au travers d'une passoire fine. Versez ensuite dans le siphon. Fermez-le, vissez une cartouche de gaz et secouez vivement. Placez le siphon au réfrigérateur pendant au moins 2 h.

Ôtez l'écorce de l'ananas en enlevant bien les « yeux » noirs. Coupez-le en cubes. Faites fondre le miel et le beurre dans une poêle, puis ajoutez les cubes d'ananas. Faites-les caraméliser à feu doux, pendant 15 min, en les retournant souvent. Servez l'ananas bien chaud, avec la mousse à la banane froide.

POUR 4 PERSONNES
PRÉPARATION : 20 MIN
CUISSON : 2 MIN
INFUSION : 30 MIN
DIFFICULTÉ :
UN PEU DIFFICILE
COÛT : RAISONNABLE

Blanc-manger à l'amande, espuma de lychee et rose

- *400 g d'amandes mondées*
- *30 cl de lait*
- *40 cl de crème liquide*
- *80 g de sucre*
- *4 feuilles de gélatine*
- *2 gouttes d'extrait d'amande amère*

Pour l'espuma
- *10 lychees dénoyautés en boîte et 10 cl de jus*
- *4 cuil. à soupe de confit de rose*
- *1 1/2 feuille de gélatine*

Matériel
- *Mixeur*
- *Siphon*

Préparez d'abord le blanc-manger. Versez les amandes dans le bol du mixeur et réduisez-les en poudre grossière. Faites chauffer le lait et la moitié de la crème avec les amandes mixées. À l'ébullition, éteignez le feu et laissez infuser à couvert pendant 30 min.

Faites tremper la gélatine dans un bol d'eau froide. Filtrez le mélange au lait d'amande. Mettez-en le quart dans une casserole, portez à ébullition et, hors du feu, ajoutez et laissez fondre la gélatine bien essorée. Mélangez les 2 laits d'amande avec le sucre et l'extrait d'amande amère.

Montez la crème restante en chantilly bien ferme. Incorporez-la délicatement au lait d'amande. Versez dans un moule mouillé ou bien 4 petits moules individuels. Placez au moins 4 h au réfrigérateur.

Préparez l'espuma. Faites tremper la gélatine 5 min dans un bol d'eau froide. Portez le jus de lychee à ébullition et, hors du feu, incorporez la gélatine bien essorée.

Mixez les lychees longuement. Mélangez-les au jus de lychee et au confit de rose. Filtrez au travers d'une passoire fine. Versez ensuite dans le siphon. Fermez-le, vissez une cartouche de gaz et secouez vivement. Placez au moins 2 h au réfrigérateur.

Servez le blanc-manger aux amandes accompagné de la mousse au lychee et à la rose.

POUR 4 PERSONNES
PRÉPARATION : 15 MIN
INFUSION : 10 MIN
RÉFRIGÉRATION : 2 H
DIFFICULTÉ : FACILE
COÛT : BON MARCHÉ

Petites verrines de mousse d'agrumes

- 1 orange
- 1 pamplemousse rose
- 3 cuil. à soupe de sirop de canne

Pour la mousse
- 15 cl de crème liquide
- Le zeste de 1 citron vert
- Le jus de ½ orange
- 150 g de mascarpone
- 50 g de sucre glace

Matériel
- Siphon

Préparez la mousse. Dans une casserole, faites chauffer la crème avec le zeste de citron. À l'ébullition, éteignez le feu et laissez infuser 10 min à couvert. Versez ensuite le jus d'orange, mélangez et filtrez au travers d'une passoire fine. Mélangez délicatement avec le mascarpone et ajoutez le sucre glace. Versez ensuite dans le siphon. Fermez-le, vissez une cartouche de gaz et secouez vivement. Placez le siphon au réfrigérateur pendant au moins 2 h.

Pelez l'orange et le pamplemousse à vif : à l'aide d'un couteau bien aiguisé, retirez la peau des agrumes ainsi que la petite peau blanche du dessous. Prélevez les quartiers de fruits en recueillant le jus qui s'en écoule. Placez le tout dans un saladier et mélangez avec le sirop de canne. Laissez macérer au frais pendant 30 min.

Placez les quartiers d'agrumes ainsi que leur jus dans des verres, puis dressez la chantilly par-dessus. Servez aussitôt.

POUR 2 PERSONNES
PRÉPARATION : 15 MIN
CUISSON : 10 MIN
DIFFICULTÉ : FACILE
COÛT : RAISONNABLE

Lassi aux loukoums à la rose

- *4 loukoums à la rose (environ 200 g)*
- *10 cl de lait*
- *150 g de yaourt à la grecque (ou des Fjords)*
- *Pétales de rose pour le décor*

Matériel
- *Mixeur*
- *Siphon*

Faites chauffer le lait et faites-y fondre doucement les loukoums à la rose tout en tournant.

Versez le yaourt, le lait à la rose et 5 cl d'eau bien froide dans le bol du mixeur et mixez bien. Filtrez au travers d'une passoire fine.

Versez le tout dans le siphon, vissez une cartouche de gaz et secouez vivement. Placez le siphon au réfrigérateur pendant au moins 2 h.

Au moment de servir, versez le lassi dans des verres hauts, décorez de pétales de rose et buvez avec une paille.

CONSEIL

La gélatine contenue dans les loukoums aide à la bonne tenue de ce lassi.

POUR 4 PERSONNES
PRÉPARATION : 10 MIN
RÉFRIGÉRATION : 2 H
DIFFICULTÉ :
UN PEU DIFFICILE
COÛT : RAISONNABLE

Normandy Coffee

- *10 cl de calvados*
- *4 cafés expresso*
- *4 cuil. à soupe de sirop de canne*

Pour la mousse

- *15 cl de crème liquide*
- *5 cl de cidre*
- *3 cl kahlúa*

Matériel

- *Siphon*

Préparez la mousse. Mélangez la crème, le cidre et le kahlúa. Versez le tout dans le siphon, fermez-le, vissez une cartouche de gaz, secouez vivement. Placez le siphon au réfrigérateur pendant au moins 2 h.

Au moment de servir, faites chauffer doucement le calvados et le sucre de canne, mélangez. Versez dans des verres à pied, puis versez doucement les cafés sur le calvados. Enfin, dressez la chantilly au café par-dessus. Dégustez aussitôt.

CONSEIL

Le kahlúa est une liqueur à base de café d'origine mexicaine. Elle est disponible en France.

POUR 4 PERSONNES
PRÉPARATION : 10 MIN
RÉFRIGÉRATION : 2 H
DIFFICULTÉ : FACILE
COÛT : RAISONNABLE

Espuma Colonel Manolo

- *4 grosses boules de sorbet au citron vert*
- *15 cl de vodka*
- *1 1/2 cuil. à soupe de gentiane*
- *1 1/2 feuille de gélatine*
- *4 tranches de citron vert*

Matériel

- *Siphon*

Faites tremper la gélatine dans un bol d'eau froide pendant 5 min. Placez un quart du sorbet au citron vert dans une casserole et laissez-le fondre doucement à feu doux. À l'ébullition et hors du feu, incorporez la gélatine bien essorée en fouettant. Laissez refroidir avant d'ajouter, en fouettant, le reste du sorbet au citron vert, la vodka et la gentiane. Filtrez au travers d'une passoire fine.

Versez le liquide dans le siphon, vissez une cartouche de gaz et secouez vivement. Placez le siphon dans le réfrigérateur et laissez refroidir pendant au moins 2 h.

Servez cette boisson dans des verres à cocktail décorés de rondelles de citron vert.

POUR 4 PERSONNES
PRÉPARATION : 10 MIN
RÉFRIGÉRATION : 1 À 2 H
DIFFICULTÉ : FACILE
COÛT : BON MARCHÉ

Milk-shake à la banane et au caramel

- *2 bananes bien mûres mais pas noires*
- *4 boules de glace au caramel (au beurre salé, de préférence)*
- *20 cl de lait entier*
- *Le jus de 1/2 citron*
- *3 cuil. à soupe de miel*

Matériel

- *Mixeur*
- *Siphon*

Épluchez les bananes et placez-les dans le bol du mixeur avec le jus de citron et le miel. Mixez les bananes, puis ajoutez le lait. Mixez à nouveau afin d'obtenir un mélange bien homogène.

Ensuite, ajoutez la glace au caramel dans le bol du mixeur et mixez à nouveau jusqu'à l'incorporation de la glace au reste du liquide. Filtrez au travers d'une passoire fine.

Versez dans le siphon, vissez une cartouche de gaz, secouez vivement. Placez le siphon au réfrigérateur pendant 1 à 2 h. Secouez le siphon avant de servir.

VARIANTE

Si vous ne trouvez pas de glace au caramel au beurre salé, utilisez une glace au caramel et salez un peu le mélange.

POUR 2 PERSONNES
PRÉPARATION : 10 MIN
RÉFRIGÉRATION : 1 À 2 H
DIFFICULTÉ : FACILE
COÛT : BON MARCHÉ

Lait mousseux au spéculoos

- *30 cl de lait*
- *4 boules de glace au spéculoos*
- *4 cuil. à soupe de miel liquide*
- *Spéculoos*

Matériel

- *Mixeur*
- *Siphon*

Mixez ensemble le lait, la glace et le miel. Filtrez ensuite au travers d'une passoire fine et versez dans le siphon. Vissez une cartouche de gaz et secouez vivement. Placez le siphon au réfrigérateur pendant 1 à 2 h.

Secouez le siphon avant de servir dans de grands verres avec une paille et des spéculoos.

POUR 4-6 PERSONNES
PRÉPARATION : 25 MIN
CUISSON : 5 MIN
DIFFICULTÉ : FACILE
COÛT : UN PEU CHER

Espuma de fruits exotiques

- *1 citron vert*
- *80 g de sucre en poudre*
- *3 g d'agar-agar*
- *4 demi-mangues surgelées (ou 20 cl de jus ou de coulis de mangue)*
- *1 petite goyave (facultatif)*
- *6 fruits de la Passion (ou 5 à 10 cl de jus de fruits de la Passion filtré)*

Matériel

- *Mixeur*
- *Siphon*

Pressez le citron, puis filtrez le jus. Dans une casserole, faites bouillir 10 cl d'eau avec le sucre en poudre et l'agar-agar. Laissez ensuite refroidir sans laisser durcir.

Mixez très finement les demi-mangues et mettez de côté. Si vous l'utilisez, pelez et épépinez la goyave, puis mixez-la finement. Coupez les fruits de la Passion en deux. Avec une cuillère à café, récupérez les pépins et la chair qu'ils contiennent. Filtrez la chair avec une petite passoire pour éliminer les pépins.

Assemblez la mangue, la goyave, le jus de citron vert et le jus de fruits de la Passion dans le bol d'un robot, puis mixez. Filtrez ensuite finement. Ajoutez le sirop en mélangeant bien au fouet.

Versez la préparation dans le siphon et fermez-le. Engagez la cartouche de gaz, secouez le siphon, puis laissez reposer 2 ou 3 min. Pressez doucement le bec du siphon pour faire sortir l'espuma.

UTILISATIONS

Pour agrémenter une salade de fruits ou à servir en verrine avec un soupçon de gingembre frais râpé.

POUR 4-6 PERSONNES
PRÉPARATION : 20 MIN
CUISSON : 20 MIN
INFUSION : 10 MIN
DIFFICULTÉ : FACILE
COÛT : BON MARCHÉ

Espuma pralinée

- *100 g de noisettes*
- *110 g de sucre en poudre*
- *Quelques gouttes de jus de citron*
- *35 cl de crème liquide*
- *Huile végétale neutre*

Matériel

- *Mixeur*
- *Siphon*

Préchauffez le four à 180 °C (th. 6). Enfournez les noisettes pour 8 à 10 min de cuisson afin de les faire dorer. Sortez ensuite du four et laissez refroidir.

Dans une casserole, assemblez le sucre en poudre, du jus de citron et 5 cl d'eau. Portez à ébullition. Une fois le sucre caramélisé, ajoutez les noisettes, puis sortez du feu. Versez ce mélange sur la plaque du four préalablement huilée, puis laissez refroidir.

Cassez ensuite ce praliné à l'aide d'un rouleau à pâtisserie, puis mixez-le aussi finement que possible.

Dans une casserole, assemblez la crème liquide et le praliné. Portez à ébullition, puis sortez du feu, couvrez et laissez infuser pendant au moins 10 min. Filtrez finement.

Versez la préparation dans le siphon et fermez-le. Engagez la cartouche de gaz, secouez le siphon, puis laissez reposer 2 ou 3 min. Pressez doucement le bec du siphon pour faire sortir l'espuma.

UTILISATIONS

Servez avec de la glace au nougat ou en verrine avec du mascarpone et des petits-beurre.

POUR 4-6 PERSONNES
PRÉPARATION : 15 MIN
CUISSON : 5 MIN
INFUSION : 10 MIN
RÉFRIGÉRATION : 2 H
DIFFICULTÉ : FACILE
COÛT : BON MARCHÉ

Espuma de cacao

- *3 cuil. à soupe rases de cacao amer + pour le décor*
- *35 cl de crème liquide*
- *4 cuil. à soupe de sucre glace*

Matériel

- *Siphon*

Tamisez le cacao à l'aide d'une passoire fine afin d'éliminer les grumeaux.

Dans une casserole, assemblez la crème et le cacao. Portez à ébullition, mélangez, puis sortez du feu, couvrez et laissez infuser au moins 10 min. Filtrez et ajoutez le sucre glace. Laissez refroidir.

Versez la préparation dans le siphon et fermez-le. Placez 2 h au frais, en agitant de temps en temps. Engagez la cartouche de gaz, secouez puis laissez reposer 2 ou 3 min. Pressez le bec du siphon pour faire sortir l'espuma.

UTILISATIONS

Parfaite avec des yaourts, du fromage frais ou de la glace au chocolat noir.

POUR 4-6 PERSONNES
PRÉPARATION : 20 MIN
CUISSON : 20 MIN
INFUSION : 10 MIN
RÉFRIGÉRATION : 2 H
DIFFICULTÉ : FACILE
COÛT : CHER

Espuma vanillée

- 4 gousses de vanille
- 30 cl de crème liquide
- 4 cuil. à soupe de sucre glace

Matériel
- Siphon

Fendez les gousses de vanille dans la longueur. Grattez l'intérieur pour récupérer les graines noires.

Dans une casserole, assemblez la crème liquide, les gousses et les graines de vanille. Portez à ébullition, puis sortez du feu, couvrez et laissez infuser au moins 10 min. Filtrez puis ajoutez le sucre glace. Mélangez et laissez refroidir.

Versez la préparation dans le siphon et fermez-le. Placez 2 h au frais, en agitant de temps en temps. Engagez la cartouche de gaz, secouez puis laissez reposer 2 ou 3 min. Pressez le bec du siphon pour faire sortir l'espuma.

UTILISATIONS

Avec du sorbet aux fruits rouges, du tiramisu ou des crêpes.

POUR 4-6 PERSONNES
PRÉPARATION : 20 MIN
CUISSON : 5 MIN
RÉFRIGÉRATION : 15 MIN
DIFFICULTÉ : FACILE
COÛT : BON MARCHÉ

Espuma de poire à la citronnelle

- *25 cl de nectar de poire*
- *1 cuil. à soupe de citronnelle hachée*
- *1 g d'agar-agar*
- *10 cl de crème liquide*

Matériel

- *Mixeur*
- *Siphon*

Dans une casserole, faites frémir le nectar de poire, la citronnelle et l'agar-agar. Sortez du feu et laissez tiédir. Mixez puis filtrez finement avant d'ajouter la crème liquide. Placez 15 min au réfrigérateur.

Filtrez à nouveau la préparation avant de la verser dans le siphon. Fermez-le. Engagez la cartouche de gaz, secouez le siphon, puis laissez reposer 2 ou 3 min. Pressez doucement le bec du siphon pour faire sortir l'espuma.

UTILISATIONS

Avec une charlotte aux poires ou à la vanille, une crème à la vanille ou un sorbet aux poires.

POUR 4-6 PERSONNES
PRÉPARATION : 15 MIN
CUISSON : 20 MIN
INFUSION : 20 MIN
RÉFRIGÉRATION : 1 H
DIFFICULTÉ : FACILE
COÛT : BON MARCHÉ

Espuma de café

- *35 cl de crème liquide*
- *4 cuil. à soupe de bon café moulu (arabica d'Éthiopie ou d'Amérique centrale)*
- *75 g de sucre roux*
- *1 pincée de grains de café lyophilisé*

Matériel
- *Siphon*

Dans une casserole, assemblez la crème liquide et le café moulu. Portez presque à ébullition, puis sortez du feu aussitôt, couvrez et laissez infuser pendant au moins 20 min. Filtrez l'infusion de café à l'aide d'une passoire très fine (ou recouvrez une passoire d'un tissu blanc très propre).

Ajoutez le sucre roux dans la préparation encore bien chaude, mélangez au fouet à main et laissez ensuite refroidir. Mélangez de temps en temps pour faire fondre la peau qui se forme naturellement. Placez ensuite au moins 1 h dans le réfrigérateur.

Filtrez à nouveau la préparation avant de la verser dans le siphon. Fermez-le. Engagez la cartouche de gaz, secouez le siphon, puis laissez reposer 2 ou 3 min. Pressez doucement le bec du siphon pour faire sortir l'espuma. Décorez avec quelques grains de café lyophilisé.

UTILISATIONS

Servez cette espuma avec des biscuits à la cuiller, du tiramisu, des crèmes glacées au rhum, au nougat ou au café, de la génoise, du quatre-quarts ou des fondants au chocolat noir.

POUR 4-6 PERSONNES
PRÉPARATION : 15 MIN
CUISSON : 20 MIN
INFUSION : 20 MIN
DIFFICULTÉ : FACILE
COÛT : RAISONNABLE

Espuma de miel aux épices

- *35 cl de crème liquide*
- *4 pincées d'anis en poudre + pour le décor*
- *1 étoile de badiane (anis étoilé)*
- *4 pincées de cannelle en poudre*
- *4 pincées de gingembre en poudre*
- *4 pincées de noix muscade en poudre*
- *1 pincée de café lyophilisé*
- *80 g de miel liquide*

Matériel

- *Siphon*

Dans une casserole, assemblez la crème liquide, toutes les épices et le café. Portez presque à ébullition, puis sortez du feu aussitôt, couvrez et laissez infuser au moins 20 min.

Filtrez l'infusion de café à l'aide d'une passoire très fine (ou recouvrez une passoire d'un tissu blanc très propre) et éliminez l'étoile de badiane.

Versez le miel dans la préparation encore bien chaude tout en fouettant. Laissez ensuite refroidir. Mélangez de temps en temps pour faire fondre la peau qui se forme naturellement.

Filtrez à nouveau la préparation avant de la verser dans le siphon. Fermez-le. Engagez la cartouche de gaz, secouez le siphon, puis laissez reposer 2 ou 3 min. Pressez doucement le bec du siphon pour faire sortir l'espuma. Saupoudrez d'un peu d'anis.

UTILISATIONS

À proposer avec du pain d'épice, des crèmes glacées au nougat ou au caramel, des charlottes à la vanille ou au cacao amer.

POUR 4-6 PERSONNES
PRÉPARATION : 15 MIN
CUISSON : 10 MIN
INFUSION : 10 MIN
RÉFRIGÉRATION : 30 MIN
DIFFICULTÉ : FACILE
COÛT : BON MARCHÉ

Espuma de thé

- *1 cuil. à soupe rase de thé (thé fumé, au jasmin ou Earl Grey)*
- *1 feuille de gélatine*
- *30 cl de crème liquide*
- *60 g de sucre en poudre*
- *1 biscuit type petit-beurre*

Matériel

- *Siphon*

Plongez la gélatine dans un bol d'eau bien froide et laissez-la tremper pendant environ 10 min, puis égouttez.

Dans une casserole, assemblez la crème, 10 cl d'eau, le sucre et le thé. Portez presque à ébullition, puis sortez du feu, couvrez et laissez infuser 10 min. Filtrez, ajoutez la gélatine, puis mélangez et laissez refroidir sans laisser durcir.

Versez la préparation dans le siphon et fermez-le. Placez 30 min au frais, en agitant de temps en temps. Engagez la cartouche de gaz, secouez, puis laissez reposer 2 ou 3 min. Pressez le bec du siphon pour faire sortir l'espuma. Décorez avec des miettes de biscuit.

POUR 4-6 PERSONNES
PRÉPARATION : 20 MIN
CUISSON : 15 MIN
RÉFRIGÉRATION : 30 MIN
DIFFICULTÉ : FACILE
COÛT : BON MARCHÉ

Espuma de caramel

- *130 g de sucre en poudre*
- *Quelques gouttes de jus de citron*
- *35 cl de crème liquide*
- *Un peu de caramel de sésame chinois (ou de caramel dur)*

Matériel

- *Siphon*

Dans une casserole, assemblez le sucre en poudre, le jus de citron et un peu d'eau. Faites bouillir puis, à feu doux, caraméliser.

Lorsque le caramel est bien doré, ôtez du feu et plongez le fond de la casserole dans une bassine d'eau froide afin de stopper la cuisson.

Ajoutez 5 cl d'eau en mélangeant, puis la crème liquide. Mélangez bien : attention aux éventuelles projections et risques de brûlures. Laissez ensuite complètement refroidir, en mélangeant de temps en temps pour éliminer la peau qui se forme.

Filtrez à nouveau la préparation avant de la verser dans le siphon. Fermez-le et placez-le 30 min au réfrigérateur, en l'agitant de temps en temps. Engagez la cartouche de gaz, secouez le siphon, puis laissez reposer 2 ou 3 min. Pressez doucement le bec du siphon pour faire sortir l'espuma. Parsemez de caramel concassé.

UTILISATIONS

Servez cette espuma pour agrémenter un café, un moka, une crème glacée au caramel, au cacao ou au nougat, ou encore des fruits poêlés (ananas, mangue, etc.).

POUR 4-6 PERSONNES
PRÉPARATION : 20 MIN
CUISSON : 2 MIN
RÉFRIGÉRATION : 20 MIN
DIFFICULTÉ : FACILE
COÛT : RAISONNABLE

Espuma de mangue

- *400 g de mangues surgelées (ou 35 cl de coulis ou de jus de mangue)*
- *80 g de sucre en poudre*
- *2 g d'agar-agar*
- *1/2 citron vert*

Matériel
- *Mixeur*
- *Siphon*

Dans une casserole, faites bouillir 10 cl d'eau avec le sucre en poudre, l'agar-agar et le zeste de citron vert. Sortez ensuite du feu et mettez de côté. Pressez le demi-citron, puis filtrez le jus obtenu.

Mixez très finement les mangues préalablement décongelées jusqu'à obtention d'un coulis sans aucun grumeau.

Dans une casserole, mélangez le sirop, les mangues mixées et le jus de citron. Portez à ébullition, puis sortez du feu et laissez complètement refroidir. Placez au réfrigérateur pendant 15 à 20 min environ, sans laisser durcir.

Filtrez la préparation avant de la verser dans le siphon. Fermez-le. Engagez la cartouche de gaz, secouez le siphon, puis laissez reposer 2 ou 3 min. Pressez doucement le bec du siphon pour faire sortir l'espuma.

UTILISATIONS

À déguster avec des sorbets aux fruits exotiques, au citron ou à l'ananas, ou encore avec des salades de fruits ou des charlottes aux fruits.

POUR 4-6 PERSONNES
PRÉPARATION : 15 MIN
DIFFICULTÉ : FACILE
COÛT : BON MARCHÉ

Espuma de fraise à la menthe

- *450 g de fraises (mara des bois ou gariguettes)*
- *3 g d'agar-agar*
- *80 g de sucre en poudre*
- *Le jus de 1 citron*
- *3 ou 4 feuilles de menthe*

Matériel

- *Mixeur*
- *Siphon*

Dans une casserole, faites bouillir 10 cl d'eau avec l'agar-agar et le sucre en poudre. Sortez du feu et laissez refroidir sans laisser durcir.

Mixez les fraises, puis filtrez afin d'éliminer les pépins. Dans un saladier, mélangez la pulpe de fraise, le sirop et le jus de citron.

Versez la préparation dans le siphon. Fermez-le. Engagez la cartouche de gaz, secouez le siphon, puis laissez reposer 2 ou 3 min. Pressez doucement le bec du siphon pour faire sortir l'espuma. Parsemez de feuilles de menthe ciselées.

UTILISATIONS

Parfaite pour le sorbet à la fraise, la glace à la vanille, la charlotte ou la panna cotta.

POUR 4-6 PERSONNES
PRÉPARATION : 20 MIN
CUISSON : 5 MIN
RÉFRIGÉRATION : 30 MIN
DIFFICULTÉ : FACILE
COÛT : BON MARCHÉ

Espuma de poire à la vodka

- *30 cl de jus de poire*
- *3 g d'agar-agar*
- *Le jus de 1/2 citron*
- *5 cl de vodka*

Matériel
- *Siphon*

Dans une casserole, faites frémir le jus de poire, puis ajoutez l'agar-agar et le jus de citron. Mélangez, sortez du feu et laissez complètement refroidir. Ajoutez la vodka. Placez 30 min au réfrigérateur, sans laisser durcir.

Filtrez la préparation avant de la verser dans le siphon. Fermez-le. Engagez la cartouche de gaz, secouez le siphon, puis laissez reposer 2 ou 3 min. Pressez doucement le bec du siphon pour faire sortir l'espuma.

UTILISATIONS

Idéale avec un sorbet au citron, au citron vert, à l'orange ou au pamplemousse.

POUR 4-6 PERSONNES
PRÉPARATION : 20 MIN
CUISSON : 5 MIN
DIFFICULTÉ : DIFFICILE
COÛT : BON MARCHÉ

Espuma de pomme

- *1 pomme*
- *1 noix de beurre salé*
- *1 cuil. à soupe de sucre roux*
- *200 g de compote de pommes très fine*
- *20 cl de jus de pomme bio*
- *2 g d'agar-agar*

Matériel
- *Siphon*

Épluchez la pomme, ôtez les pépins et coupez-la en dés. Dans une poêle, faites sauter les dés de pomme pendant 3 ou 4 min dans le beurre et le sucre. Dans une casserole, mélangez la compote, le jus de pomme et l'agar-agar. Portez à ébullition, puis sortez du feu et laissez tiédir.

Versez la préparation dans le siphon. Fermez-le, puis engagez la cartouche de gaz et secouez plusieurs fois. Placez le siphon dans un bain-marie un peu chaud (pas plus de 50 °C) pendant 2 ou 3 min. Pressez doucement le bec du siphon pour faire sortir l'espuma. Décorez avec les dés de pomme.

UTILISATIONS

À servir avec une tarte aux pommes ou un verre de calvados.

POUR 4-6 PERSONNES
PRÉPARATION : 20 MIN
CUISSON : 15 MIN
INFUSION : 10 MIN
DIFFICULTÉ : DIFFICILE
COÛT : BON MARCHÉ

Espuma crème anglaise

- *12,5 cl de lait*
- *12,5 cl de crème liquide*
- *1 gousse de vanille*
- *3 jaunes d'œufs*
- *50 g de sucre en poudre*
- *1 g d'agar-agar*

Matériel

- *Siphon*

Dans une casserole, assemblez le lait et la crème liquide. Fendez la gousse de vanille en deux dans la longueur et récupérez les petites graines noires qu'elle contient. Placez les graines et les demi-gousses dans la casserole. Faites bouillir, puis sortez du feu et laissez infuser 10 min.

Pendant ce temps, mélangez au fouet les jaunes d'œufs avec le sucre dans un saladier. Ajoutez l'agar-agar et versez le lait brûlant. Mélangez bien. Versez toute la préparation dans la casserole et faites cuire pendant 4 ou 5 min à feu doux, en mélangeant sans arrêt. Filtrez finement et laissez tiédir en mélangeant de temps en temps.

Versez la préparation dans le siphon. Fermez-le, puis engagez la cartouche de gaz et secouez plusieurs fois. Placez le siphon dans un bain-marie un peu chaud (pas plus de 50 °C) pendant 2 ou 3 min. Pressez doucement le bec du siphon pour faire sortir l'espuma.

UTILISATIONS

Servez cette espuma avec des œufs à la neige, une glace à la vanille, une charlotte aux poires, un gâteau ou des fondants au chocolat.

POUR 4-6 PERSONNES
PRÉPARATION : 10 MIN
DIFFICULTÉ : DIFFICILE
COÛT : BON MARCHÉ

Espuma de chocolat blanc

- *150 g de chocolat blanc pour pâtisserie*
- *15 cl de crème liquide*

Matériel

- *Siphon*

Cassez le chocolat en morceaux dans un saladier. Placez le saladier dans un bain-marie juste tiède afin de faire fondre le chocolat.

Dans une casserole, portez la crème liquide à ébullition. Versez-la sur le chocolat et mélangez. Ôtez le saladier du bain-marie, mélangez 1 ou 2 min.

Versez la préparation dans le siphon. Fermez-le, puis engagez la cartouche de gaz et secouez plusieurs fois. Placez le siphon dans un bain-marie un peu chaud (pas plus de 50 °C) pendant 2 ou 3 min. Pressez doucement le bec du siphon pour faire sortir l'espuma.

UTILISATIONS

Cette espuma est parfaite pour accompagner une mousse au chocolat noir, un bol de chocolat chaud ou une glace au cacao amer.

POUR 4-6 PERSONNES
PRÉPARATION : 20 MIN
CUISSON : 2 MIN
RÉFRIGÉRATION : 2 H
DIFFICULTÉ : FACILE
COÛT : UN PEU CHER

Panna cotta, espuma de fruit de la Passion

- *40 cl de crème liquide de bonne qualité*
- *80 g de sucre en poudre*
- *1 gousse de vanille*
- *2 feuilles de gélatine*

Pour l'espuma

- *10 fruits de la Passion*
- *50 g de sucre glace*
- *Le jus de 1 citron*
- *1 feuille de gélatine*

Matériel

- *Siphon*

Préparez l'espuma. Coupez les fruits de la Passion en deux, prélevez la chair et passez-la dans une passoire au-dessus d'un bol. Raclez bien la pulpe afin d'en extraire tout le jus. Vous devez en obtenir environ 10 cl. Versez 8 cl d'eau dans la passoire et raclez à nouveau la pulpe. Ajoutez le sucre glace.

Faites tremper la gélatine 5 min dans un bol d'eau froide. Portez à ébullition le jus de citron et faites-y fondre la gélatine bien essorée hors du feu. Mélangez ensuite au jus de fruits de la Passion et versez dans le siphon. Fermez-le, vissez une cartouche de gaz et secouez vivement. Placez au moins 2 h au réfrigérateur.

Faites tremper les 2 autres feuilles de gélatine dans un bol d'eau froide. Versez 15 cl de crème liquide dans une casserole avec le sucre. Fendez la gousse de vanille en deux dans le sens de la longueur, grattez-en les graines et ajoutez-les à la crème ainsi que la gousse. Amenez à ébullition et incorporez, hors du feu, la gélatine bien essorée. Laissez refroidir. Retirez la gousse.

Fouettez le restant de crème afin d'obtenir une crème bien ferme. Mélangez très délicatement la crème montée à la crème gélatinée. Répartissez ce mélange dans 4 verres. Mettez les verres au réfrigérateur pendant au moins 2 h.

Au moment de servir, secouez le siphon et garnissez chaque panna cotta de mousse de fruit de la Passion.

POUR 4-6 PERSONNES
PRÉPARATION : 20 MIN
CUISSON : 15 MIN
INFUSION : 8 À 10 MIN
DIFFICULTÉ : DIFFICILE
COÛT : BON MARCHÉ

Espuma crème pâtissière

- *25 cl de lait*
- *1 gousse de vanille*
- *3 jaunes d'œufs*
- *50 g de sucre en poudre*
- *1 cuil. à café rase de farine*
- *2 noix de beurre*

Matériel

- *Siphon*

Dans une casserole, versez le lait. Fendez la gousse de vanille en deux dans la longueur et récupérez les petites graines noires qu'elle contient. Placez les graines et les demi-gousses dans la casserole. Faites bouillir, puis sortez du feu et laissez infuser de 8 à 10 min.

Pendant ce temps, mélangez au fouet les jaunes d'œufs avec le sucre en poudre dans un saladier, pendant 2 ou 3 min. Ajoutez la farine et versez le lait brûlant. Mélangez bien.

Versez toute la préparation dans la casserole et portez à ébullition à feu doux, en mélangeant sans arrêt. Filtrez finement, ajoutez le beurre et laissez tiédir en mélangeant de temps en temps.

Versez la préparation dans le siphon. Fermez-le, puis engagez la cartouche de gaz et secouez plusieurs fois. Placez le siphon dans un bain-marie un peu chaud (pas plus de 50 °C) pendant 2 ou 3 min. Pressez doucement le bec du siphon pour faire sortir l'espuma.

UTILISATIONS

Utilisez cette espuma pour farcir des profiteroles, de la pâte à choux ou des bouchées feuilletées chaudes ou froides. Servez-la aussi pour agrémenter de la génoise ou des biscuits à la cuiller.

POUR 4-6 PERSONNES
PRÉPARATION : 10 MIN
CUISSON : 10 MIN
DIFFICULTÉ : DIFFICILE
COÛT : BON MARCHÉ

Espuma de Carambar

- *180 g de Carambar*
- *20 cl de crème liquide*
- *5 cl de lait*
- *1 g d'agar-agar*

Matériel

- *Siphon*

Déballez les Carambar. Placez-les dans une casserole avec la crème liquide et le lait. Faites frémir sans laisser bouillir.

Sortez du feu et mélangez patiemment pour faire fondre complètement les Carambar. Ajoutez l'agar-agar en mélangeant au fouet, puis filtrez finement.

Versez la préparation dans le siphon. Fermez-le, puis engagez la cartouche de gaz et secouez plusieurs fois. Placez le siphon dans un bain-marie un peu chaud (pas plus de 50 °C) pendant 2 ou 3 min. Pressez doucement le bec du siphon pour faire sortir l'espuma.

UTILISATIONS

À déguster nature avec quelques éclats de caramel ou des amandes effilées préalablement grillées avec du sucre glace.

POUR 6 PERSONNES
PRÉPARATION : 10 MIN
CUISSON : 10 MIN
RÉFRIGÉRATION : 2 H
DIFFICULTÉ : FACILE
COÛT : BON MARCHÉ

Délice caramel et chocolat aux craquants de sésame

- *2 carrés de chocolat*
- *15 Carambar*
- *15 cl de crème liquide*
- *80 g de pâte feuilletée*
- *3 cuil. à soupe de sucre*
- *2 cuil. à soupe de graines de sésame*

Faites chauffer la crème dans une casserole sur feu doux avec les carrés de chocolat et les Carambar. Mélangez, versez la préparation dans des verrines, placez au frais au moins 2 h.

Préchauffez le four à 200 °C (th. 6-7). Étalez la pâte feuilletée en la saupoudrant de sucre et de sésame. Pliez-la plusieurs fois en portefeuille (en la superposant en plusieurs couches). Taillez des bandes de 5 mm de largeur. Mettez-les 10 min au four.

Au moment de servir, plantez les craquants dans la crème.

POUR 6 PERSONNES
PRÉPARATION : 25 MIN
CUISSON : 5 MIN
RÉFRIGÉRATION : 4 H
DIFFICULTÉ : FACILE
COÛT : BON MARCHÉ

Mousse à la cannelle sur lit de dattes et croquant à la pistache

- *150 g de dattes*
- *4 œufs*
- *3 cuil. à soupe de sucre en poudre*
- *30 cl de crème liquide*
- *30 cl de fromage blanc*
- *1 cuil. à café de cannelle en poudre*

Pour le croquant

- *100 g de sucre en poudre*
- *3 gouttes de jus de citron*
- *3 cuil. à soupe de pistaches concassées*

Dénoyautez les dattes et hachez-les grossièrement. Répartissez-les dans le fond des verrines.

Séparez le blanc des jaunes d'œufs et fouettez vigoureusement les jaunes avec le sucre, jusqu'à ce que le mélange blanchisse et augmente de volume.

Fouettez la crème en chantilly et incorporez le fromage blanc. Ajoutez la crème aux jaunes d'œufs sucrés. Battez les blancs en neige, parfumez-les de cannelle et mélangez-les délicatement à la préparation œufs-chantilly. Versez sur les dattes et placez les verrines au frais pendant au moins 4 h.

Préparez le croquant : faites cuire le sucre avec le jus de citron et 1 cuil. à soupe d'eau, jusqu'à ce que le caramel soit doré. Retirez du feu et ajoutez les pistaches. Mélangez et versez sur une plaque recouverte de papier sulfurisé. Laissez refroidir, puis brisez grossièrement le croquant.

VARIANTES

Multipliez les fruits secs, abricots, figues, etc. et remplacez les pistaches par des noisettes ou des graines de sésame.

POUR 6 PERSONNES
PRÉPARATION : 30 MIN
CUISSON : 20 MIN
RÉFRIGÉRATION : 4 H
DIFFICULTÉ : FACILE
COÛT : BON MARCHÉ

Semoule à la fleur d'oranger et ricotta

- *1 l de lait*
- *1 tasse de semoule de blé fine (150 g)*
- *3 cuil. à soupe d'eau de fleur d'oranger*
- *100 g de sucre en poudre*
- *6 ou 12 orangettes*

Pour la crème à la ricotta

- *200 g de ricotta*
- *1 cuil. à soupe d'eau de fleur d'oranger*
- *20 cl de crème liquide*
- *60 g de sucre en poudre*

Mettez le lait à chauffer dans une casserole et versez-y la semoule. Portez à ébullition à feu doux en remuant constamment.

Ajoutez l'eau de fleur d'oranger et le sucre. Mélangez et poursuivez la cuisson en remuant pendant 15 min environ, jusqu'à ce que la crème commence à épaissir.

Remplissez des verrines aux deux tiers avec la crème, puis laissez refroidir avant de faire prendre au réfrigérateur pendant au moins 4 h.

Avant de servir, fouettez la ricotta avec l'eau de fleur d'oranger pour bien la lisser. Au fouet électrique, montez la crème en chantilly avec le sucre et incorporez la ricotta.

Surmontez chaque verrine de ricotta et décorez avec 1 ou 2 orangettes.

VARIANTES

Vous pouvez remplacer la semoule par de la fécule de maïs ou de la gélatine.

POUR 6 PERSONNES
PRÉPARATION : 30 MIN
RÉFRIGÉRATION : 3 H
DIFFICULTÉ : FACILE
COÛT : RAISONNABLE

Blanc-manger à la vanille et au coulis de mangue

- *1 gousse de vanille*
- *3 feuilles de gélatine*
- *20 cl de crème liquide*
- *200 g de fromage blanc*
- *170 g de sucre*
- *1/2 mangue*
- *Le jus de 1 citron vert*

Matériel

- *Mixeur*

Faites tremper les feuilles de gélatine dans de l'eau froide. Fouettez la crème en chantilly bien ferme. Fendez la gousse de vanille en deux dans le sens de la longueur et récupérez les graines à l'intérieur en grattant. Mélangez le fromage blanc dans un récipient avec 140 g de sucre et les graines de vanille.

Ajoutez la crème fouettée et les feuilles de gélatine égouttées que vous aurez auparavant fait fondre sur feu doux dans une casserole. Mélangez délicatement, répartissez la préparation dans des verrines et réservez au frais au moins 3 h.

Épluchez, puis coupez la mangue en petits cubes. Mixez-la avec le reste du sucre et le jus de citron pour obtenir un coulis. Au moment de servir, nappez les verrines de coulis de mangue bien frais.

VARIANTE

Vous pouvez retirer 100 g de fromage blanc et le remplacer par 10 cl de lait de coco. Au moment de servir, parsemez les verrines de coco râpée grillée.

POUR 6 PERSONNES
PRÉPARATION : 30 MIN
RÉFRIGÉRATION : 3 H
DIFFICULTÉ : FACILE
COÛT : BON MARCHÉ

Gelée d'orange et mousse légère au chocolat

- *100 g de chocolat noir*
- *2 œufs*
- *30 cl de jus d'orange*
- *30 g de sucre*
- *2 feuilles de gélatine*

Faites ramollir la gélatine dans de l'eau froide. Dans une casserole, versez le jus d'orange et le sucre et faites chauffer jusqu'à frémissement. Hors du feu, ajoutez la gélatine ramollie et égouttée puis mélangez. Filtrez ensuite le jus.

Répartissez le jus d'orange dans 6 verrines, placez-les au moins 1 h 30 au réfrigérateur pour faire prendre la gelée.

Placez le chocolat au bain-marie pour le faire fondre. Séparez les blancs des jaunes d'œufs. Montez les blancs en neige bien ferme. Ajoutez les jaunes dans le chocolat fondu, puis les blancs en neige. Mélangez délicatement.

Versez la mousse sur la gelée préalablement prise, remettez au frais au moins 1 h 30. Servez bien frais.

VARIANTE

Vous pouvez également réaliser rapidement cette recette avec de la mousse au chocolat blanc. Dans ce cas, mélangez 100 g de chocolat blanc fondu avec les graines d'une gousse de vanille et 10 cl de crème fouettée.

POUR 6 PERSONNES
PRÉPARATION : 20 MIN
CUISSON : 3 MIN
INFUSION : 10 MIN
RÉFRIGÉRATION : 2 H
DIFFICULTÉ : FACILE
COÛT : BON MARCHÉ

Soupe de pêches glacée et chantilly à la menthe

- *3 pêches jaunes*
- *80 g de sucre*
- *12 feuilles de verveine*
- *10 cl de crème liquide*
- *1 cuil. à soupe de sucre glace*
- *12 feuilles de menthe*

Matériel

- *Mixeur à bras*

Portez à ébullition 10 cl d'eau dans une casserole, puis versez-y le sucre pour 3 min de cuisson. Ajoutez les feuilles de verveine et laissez infuser 10 min.

Épluchez, puis coupez les pêches en morceaux. Placez-les dans un récipient. Versez le sirop à la verveine dessus, puis mixez avec un mixeur à bras afin d'obtenir une soupe. Répartissez la soupe de pêches dans 6 verrines. Placez-les au frais au moins 2 h.

Fouettez la crème en chantilly bien ferme avec le sucre glace, ajoutez les feuilles de menthe préalablement hachées. Au moment de servir, déposez un nuage de chantilly dans les verrines.

CONSEIL

Vous pouvez ajouter 1 ou 2 cuil. à soupe de liqueur de menthe dans la chantilly.

POUR 4 PERSONNES
PRÉPARATION : 15 MIN
RÉFRIGÉRATION : 4 H
DIFFICULTÉ : FACILE
COÛT : BON MARCHÉ

Mousse au chocolat comme avant

- 200 g de chocolat noir
- 5 œufs
- 1 pincée de sel

Matériel
- 4 ramequins

Cassez le chocolat en morceaux puis faites-le fondre au bain-marie.

Cassez les œufs et séparez les jaunes des blancs. Versez les jaunes dans le chocolat et mélangez bien pour lisser la préparation.

Montez les blancs d'œufs salés en neige bien ferme.

Incorporez une grosse cuillerée de blancs en neige dans le chocolat. Fouettez pour détendre la préparation puis ajoutez le reste des blancs en neige. Mélangez délicatement avec une spatule en bois.

Versez la mousse dans les ramequins, mettez au frais au moins 4 h avant de déguster.

CONSEIL

Vous pouvez faire fondre le chocolat avec 30 g de beurre ; la mousse n'en tiendra que mieux.

POUR 4 PERSONNES
PRÉPARATION : 20 MIN
INFUSION : 15 MIN
CUISSON : 2 MIN
RÉFRIGÉRATION : 4 H
DIFFICULTÉ : FACILE
COÛT : RAISONNABLE

Crèmes au chocolat truffées aux pralines

- *130 g de chocolat noir*
- *15 cl de lait*
- *25 cl de crème liquide*
- *2 graines de cardamome*
- *1 pincée de cannelle*
- *1 pincée de gingembre en poudre*
- *70 g de pralines*

Matériel

- *4 ramequins*

Faites bouillir le lait et la crème dans une casserole. Ajoutez les graines de cardamome écrasées, la cannelle et le gingembre. Laissez bouillir 20 s, éteignez le feu puis laissez infuser 15 min en couvrant la casserole.

Filtrez le contenu de la casserole avec une passoire fine. Versez dans une casserole propre et remettez à bouillir. Hors du feu, ajoutez le chocolat cassé en petits morceaux. Mélangez au fouet pour obtenir une préparation lisse, puis laissez refroidir.

Hachez les pralines au couteau, puis ajoutez-les dans la crème. Versez la préparation dans des ramequins et placez-les au réfrigérateur au moins 4 h avant de les déguster.

POUR 4 PERSONNES
PRÉPARATION : 30 MIN
CUISSON : 30 MIN
RÉFRIGÉRATION : 2 H
DIFFICULTÉ : FACILE
COÛT : BON MARCHÉ

Crèmes au chocolat et au caramel laitier

- *75 g de chocolat noir*
- *120 g de caramel laitier ou de confiture de lait*
- *50 cl de lait*
- *4 jaunes d'œufs*
- *80 g de sucre*

Matériel
- *4 ramequins*

■ Répartissez la moitié du caramel dans le fond de quatre ramequins ou de quatre verres. Placez-les au frais.

■ Faites bouillir le lait dans une casserole. Fouettez les jaunes d'œufs dans un récipient avec le sucre pour les faire blanchir. Versez le lait bouillant dessus, mélangez, puis ajoutez le chocolat cassé en petits morceaux. Mélangez, puis filtrez la préparation dans une passoire fine. Laissez refroidir.

■ Préchauffez le four à 160 °C (th. 5). Versez la préparation froide dans les verres ou les ramequins. Placez-les dans un plat rempli à moitié d'eau, puis enfournez 25 à 30 min pour une cuisson au bain-marie.

■ Sortez les crèmes du four et laissez-les refroidir. Répartissez le reste du caramel laitier sur le dessus des crèmes, puis placez-les au réfrigérateur au moins 2 h avant de les déguster.

POUR 4 PERSONNES
PRÉPARATION : 15 MIN
CUISSON : 2 MIN
RÉFRIGÉRATION : 4 H
DIFFICULTÉ : FACILE
COÛT : RAISONNABLE

Crèmes au chocolat blanc et au lait de coco

- *200 g de chocolat blanc*
- *3 cuil. à soupe de noix de coco râpée*
- *25 cl de crème liquide*
- *25 cl de lait de coco*

Matériel

- *4 ramequins*

Faites griller la noix de coco râpée à sec dans une casserole en remuant sans cesse pour éviter de la faire brûler. Étalez-la ensuite sur une feuille de papier absorbant et laissez-la refroidir.

Faites bouillir la crème dans une casserole avec le lait de coco. Hors du feu, ajoutez le chocolat blanc cassé en petits morceaux. Mélangez au fouet pour obtenir une préparation lisse. Ajoutez la moitié de la noix de coco grillée puis versez la préparation dans des ramequins.

Placez les ramequins au moins 4 h au réfrigérateur. Au moment de servir, parsemez la surface avec le reste de noix de coco râpée et dégustez.

Table des recettes

Retrouvez le reste de la collection

Mais aussi :

Cuisine bon marché - Easy Cook - Pasta, riz et risottos - Tajines et couscous - Cakes, tartes et salades - Cuisine minceur - Jus, smoothies et cocktails - Barbecue, plancha et croques - Cuisine fraîcheur - Tatins, crumbles et clafoutis - Mezzés, pâtisseries et autres saveurs orientales - Wok et vapeur - 365 menus, recettes et variantes - Brunch et petit dej - Cuisine de l'étudiant - Goûter et café gourmand - Choux, charlottes et millefeuilles - Crêpes, blinis et pancakes - Cuisine végétarienne - Soupes et plats gourmands - Sushi, yakitori et autres délices asiatiques - Cuisine pour les enfants - Fait maison - Recettes de base : pâtes, préparations, sauces...

Avec Mobiletag, réservez directement des centaines de stages ou cours de cuisine, classés par thèmes et sélectionnés par :

www.1001stages.com

Crédits photographiques :
© Denys Clément : pp. 5, 7, 9, 11, 13, 15, 17, 19, 21, 23, 65, 67, 69, 71, 73, 75, 77, 79, 81, 83, 85, 87, 89, 103, 105, 107, 109, 111, 113, 115, 117, 119, 121, 123, 125, 127, 129, 131, 133, 161
© Philippe Vaurès-Santamaria : pp. 25, 29, 31, 33, 35, 37, 39, 43, 45, 47, 49, 51, 91, 95, 135, 137, 139, 143, 145, 147, 149, 151, 153, 157, 159, 163, 165, 186
© Éric Fénot : pp. 55, 57, 59, 97, 99, 169, 171
© Pierre-Louis Viel : pp. 2, 53, 61, 63, 101, 167, 173, 175, 177, 179, 181, 183, 185

Cet ouvrage reprend des recettes des titres *Espumas* et *Verrines*, parus dans la collection Collection, *Espumas, mousses et chantilly, Dîner au verre : nouvelles recettes et Chocolat*, parus dans la collection So Chic parus aux Éditions Hachette Pratique.

Pour l'éditeur, le principe est d'utiliser des papiers composés de fibres naturelles, renouvelables, recyclables et fabriquées à partir de bois issus de forêts qui adoptent un système d'aménagement durable. En outre, l'éditeur attend de ses fournisseurs de papier qu'ils s'inscrivent dans une démarche de certification environnementale reconnue.

Direction : Catherine Saunier-Talec
Direction éditoriale : Pierre-Jean Furet
Responsable éditoriale : Anne Vallet
Conception de la maquette intérieure : Marie Carette
Conception et réalisation de la couverture : M2D2
Réalisation : Les Paoistes
Correction : Claire Fontanieu
Fabrication : Amélie Latsch
Responsable partenariats : Sophie Morier au 01 43 92 36 82

Dépôt légal : janvier 2012
23-05-0581-01-1
ISBN : 978-2-01-230581-6

Imprimé en Italie par Stige